KB096950

노동자의 운명

빌헬름 트뤼브너, 〈바니타스 정물〉, 1869.
이번 책은 자본의 왕국, 자본의 주권 아래서 노동자계급의 운명을 다룬다.
노동자의 운명에 대한 비탄이 책 전체에 흐르지만, 그 슬픈 노래의 끝에는
늙은 군주인 자본의 운명에 대한 저주와 새로운 공화국에 대한 염원이 실려 있다.
칼을 들고 채찍을 휘두르는 자는 죽을 때까지 그것을 놓지 못한 채
도망치듯 죽음을 향해 뛰어가는 법이다.

크리스토퍼 놀런(Christopher Nolan)이 두 번째로 만든 '배트맨 시리즈'의 작품 〈다크 나이트〉*The Dark Knight*(2008)는 주권 자에 대한 흥미로운 통찰을 담고 있습니다. 이 영화는 무엇보다 주권자가 서 있는 곳을 잘 보여줍니다. 배트맨의 자리가 주 권자의 자리입니다. 그는 물리적 의미에서는 고담시 안에 있지만 법적 의미에서는 고담시 바깥에 있습니다. 이렇게 말해도 좋겠습니다. 브루스 웨인은 법 안에 있지만 배트맨은 법 바깥에 있습니다.

배트맨이 법 바깥에 있는 이유는 역설적이게도 그 자신을 포함해 모두를 법 안에 두기 위해서입니다. 끝 장면에서 경찰인 고든이 말한 것처럼 그는 법질서의 "조용한 수호자(silent guardian)이자 주의 깊은 보호자(watchful protector)"입니다. 평상시에는 그를 만날 일이 없습니다. 범죄가 일어나더라도 그것은 기껏해야 갱단과 경찰, 검찰의 문제지요. 그런데 이 때에도 그는 구석구석을 소리 없이 지켜보는 권력자입니다. 영화 제목 그대로 그는 '어둠의 기사'지요.

카를 슈미트(Carl Schmitt)에 따르면 누가 주권자인지를 아는 것은 어려운 문제가 아닙니다. 주권자는 지금이 긴급 상황인지 아닌지를 결정하며 이 상황을 해소하기 위해 무엇을 해야 하는지를 결정하는 자입니다. 그는 질서를 수호하기 위해 법의 효력을 정지시킬 수 있습니다. 긴급 상황에서는 시민권이 보호되지 않습니다. 주권자는 그것을 결정합니다.[1] 모두가 법을 지키게 하기 위해 자신은 법 바깥에 있는 주권자의 역설을 조르조 아감벤(Giorgio Agamben)은 이렇게 정식화했습니다. "나, 주권자인 나, 법 바깥에 있는 나는 법 바깥에는 아무것도 없다는 것을 선포한다."[2]

물론 이런 주권자는 평소에 보이지 않습니다. 아무리 법질서를 수호하기 위해서라고 하지만 법적 제약에서 벗어난 존재가 수시로 출몰한다면 법질서 자체가 엉망이 될 테니까요. 법 바깥에 있는 자를 법질서 안에서 목격하는 것은 위험한 일이지요. 그래서 아주 예외적인 상황, 심각한 비상사태가 아니면 그는 나타나지 않습니다. 그저 조용히, 보이지 않는 곳에 머무르지요.

그럼 누가 주권자의 등장을 결정할까요. 그것은 지금을 비상사태로 규정할 수 있는 사람이 누구냐에 달려 있습니다. 그런데 이 결정을 내리는 존재가 또한 주권자입니다. 주권자는 지금이 자신이 활약해야 할 시점인지를 스스로 정합니다. 이 결정이 그가 주권자임을 말해줍니다.

영화에서는 이런 결정의 순간이 여러 차례 부각됩니다. 영화의 시작과 함께 배트맨의 등장이 곧바로 문제화되지요.

배트맨이 은행을 턴 갱단의 검거에 나서자 집사인 알프레드는 웨인에게 "선을 지켜라"(know your limit)라고 말합니다. 이때 웨인의 답변이 흥미롭습니다. "배트맨에게는 선이 없다"(Batman has no limits). 웨인으로서는 법의 지배를 받지만 배트맨으로서는 법의 제약을 받지 않는다는 뜻일 겁니다.

웨인과 덴트가 레스토랑에서 만났을 때도 비슷한 대화가 오갑니다. 검사인 덴트는 웨인의 저택이 고담시의 시계(경계, limits) 안에 있는지 묻습니다. 물리적 위치를 물으면서 법적 통제선 또한 확인하지요. 웨인은 저택이 '울타리'(palisades) 안에 있음을 확인해줍니다. 그러면서 동시에 그 울타리, 그 경계선이 법적 관할(jurisdiction)이 끝나는 곳, 더는 법적 통제권이 미칠 수 없는 곳의 시작점이기도 하다는 뜻을 내비칩니다. 배트맨은 실제로 덴트의 관할권 바깥(홍콩)으로 도피한 범죄자를 납치해서 덴트에게 데려다줍니다. 법을 어겼다기보다 법의 제약을 받지 않는다는 의미에서 '아노미적' 존재라고 할 수 있지요.

조커의 등장과 함께 도시 전체는 비상사태에 빠져듭니다. 배트맨을 부르는 서치라이트가 켜지지요. 일상이 비상이 되고, 고든(경찰)과 덴트(검사), 갱들이 활동하는 시공간이 배트맨과 조커의 시공간과 뒤섞입니다. 배트맨은 아무런 제약

없이 경찰서에서 용의자를 심문하고 전체 시민들을 감청합니다. 고담시의 질서를 지키기 위해서죠. 그가 진정한 주권자입니다.

그런데 『자본』을 읽고 있는 우리로서는 그가 또한 엄청난 갑부라는 사실에 주목하지 않을 수 없습니다. 고담시의 보이지 않는 치안 총수인 배트맨은 자본가인 브루스 웨인이기도 합니다. 한마디로 고담시는 자본의 주권이 관철되는 도시라고 할 수 있지요. 이 영화 속에서는 은행을 털고 부자들의 돈을 훔치는 범죄자들이 아주 많이 등장합니다. 하지만 부자들이 부를 축적하는 과정, 자본증식 과정에서 저지르는 범죄를 볼 수는 없습니다. '은행을 터는' 범죄자들을 볼 뿐 '은행'이 저지르는 범죄를 볼 수는 없습니다[브레히트의 말이 떠오르죠. "은행을 설립하는 것에 비하면 은행을 터는 게 무슨 대단한 일입니까?"(『다시 자본을 읽자』, 144쪽)]. 단지 체제의 질서를 위반한 이런저런 범죄자들을 보여줄 뿐이지요.

배트맨의 정의라는 것이 그렇습니다. 그는 사회구조에서 생겨나는 불의에는 관심이 없습니다. 그의 관심은 오직 일탈하는 개인들만을 향합니다. 나는 그가 심각한 표정으로, 중저음으로 정의를 말할 때 웃음이 나옵니다. 그는 너무 우스꽝스럽습니다(종종 조커가 왜 그렇게 웃어대는지 알 것 같습니다). 표면적으로는 배트맨의 밤과 웨인의 낮이 대비됩니다만, 어둠의 기사가 타는 배트카나 최고 갑부가 타는 람보르기니 모두 외설적인 부의 과시이기는 마찬가지죠. 무채색의 어두운 배트카도 람보르기니만큼이나 폼 나고 멋집니다.

이 갑부 히어로는 마음에 드는 정치인을 후원하거나 애인의 마음을 사는 데 돈을 씁니다. 반면 부의 축적이 전제하고 또 양산하는 사회적 불평등이나 빈곤에는 관심이 없습니다. 그가 돈을 제일 많이 쓰는 곳은 첨단 무기입니다. 총알을 막고 표창을 날리며 하늘을 나는 첨단 슈트, 도시 전체를 감청할 수 있는 장비의 구축 등에 막대한 돈을 쓰지요. 그 재산, 그 머리, 그 마음의 10퍼센트만 다른 곳에 썼다면 그는 사회를 크게 바꿀 수 있었을 겁니다. 범죄자를 찾기 위해 구석구석을 뒤지는 눈의 10퍼센트만 정말로 어두운 곳에서 살아가는 가난한 사람들에게 돌렸다면 많은 일을 할 수 있었겠지요. 하지만 그는 그런 존재가 아닙니다. 자본주의 도시의 주권자이니까요.

조커도 배트맨 이상으로 흥미로운 존재입니다. 그도 배트맨만큼이나 예외적인 존재이지요. 이 점이 배트맨을 견딜 수 없게 합니다. 주권자 이외에는 법 바깥에 누구도 있을 수 없는데 조커가 거기 있습니다. 그리고 그도 배트맨만큼이나 예외 상태, 비상사태를 스스로 결정합니다. 그가 예외적 존재인 것은 법을 무시하기 때문이 아닙니다. 법을 어기는 것이라면 갱단도 그에 못지않을 겁니다.

조커가 자본주의 도시인 고담시에서 정말로 예외적인 존재인 것은 돈에 관심이 없기 때문입니다. 그는 부의 축적에 관심이 없습니다. 그에게 돈은 기껏해야 땔감에 불과합니다. 돈을 산더미처럼 쌓아두고는 그냥 태워버리지요. 갱들은 그렇지 않습니다. 그들은 자본가의 돈을 훔치는 범죄자이지만 자본가와 똑같은 욕망을 가지고 있습니다. 그들은 자본가와 다른 인간이 아닙니다. 모두가 부의 축적에 혈안이 되어 있지요. 그리고 그 정점에 슈퍼 갑부인 브루스 웨인 즉 배트맨이 있습니다. 조커는 이들의 욕망을 비웃습니다. 웨인의 집사 알프레드가 버마의 어느 산적에 대해 말한 것처럼 조커는 즐거움만을 추구합니다. 돈이나 보석 따위는 놀이의 소품에 지나지 않습니다. 놀이가 끝나면 언제든 내다 버릴 수 있지요. 이런 존재는 돈으로 고용할 수도 없고 돈으로 매수할 수도 없습니다. 이 점이 조커를 정말로 위험한 존재로 만듭니다.

이번 책은 자본의 왕국, 자본의 주권 아래서 노동자계급의 운명을 다룹니다. 노동자계급의 운명에 대한 비탄이 책 전체에 흐릅니다. 그러나 비탄만으로 끝나지는 않습니다. 이 슬픈 노래의 끝에는 늙은 군주인 자본의 운명에 대한 저주와 새로운 공화국에 대한 염원이 실려 있지요. 칼을 들고 채찍을 휘두르는 자는 죽을 때까지 그것을 놓지 못한 채 도망치듯 죽음을 향해 뛰어가는 법이니까요. 개에게 쫓기는 배트맨처럼요.

차례

일러두기

- 『노동자의 운명』은 열두 권의 단행본과 열두 번의 강연으로 채워지는
〈북클럽『자본』〉시리즈의 11권입니다. 〈북클럽『자본』〉은 철학자
고병권이 카를 마르크스의 『자본』 I권을 독자들과 함께
더 깊이, 더 새롭게, 더 감성적으로 읽어나가려는 기획입니다.

- 『노동자의 운명』은 『자본』 I권 제7편 "자본의 축적과정"의 제23장
"자본주의적 축적의 일반법칙"을 다룹니다. 〈북클럽『자본』〉의 출간
목록과 다루는 내용은 아래와 같습니다. 괄호 안은 『자본』 I권의
차례이며 독일어 판본(강신준 옮김, 『자본』, 길)을 기준으로 삼았습니다.

- 〈북클럽『자본』〉에서 저자는 독일어 판본 '마르크스·엥겔스전집' MEW: Marx Engels Werke 과 김수행이 우리말로 옮긴 『자본론』(I, 비봉출판사, 2015), 강신준이 우리말로 옮긴 『자본』(I, 길, 2008)을 참고했습니다. 본문 내주는 두 번역본을 기준으로 표기하되 필요하면 지은이가 번역문을 수정했습니다. 단, 본문에서 마르크스의 『자본』 원문의 해당 장(章)을 언급할 때, 시리즈의 3권부터는 독일어 판본을 기준으로 표기하고 영어 판본(김수행 번역본)이 그것과 다를 경우 괄호로 병기했습니다.

- 〈북클럽『자본』〉은 이전에 없던 새로운 활자체를 사용하였습니다. 책과 활자를 디자인하는 심우진이 산돌커뮤니케이션과 공동 개발한 「Sandoll 정체」가족의 530, 630입니다. 그는 손글씨의 뼈대를 현대적으로 되살려 '오래도록 편안한 읽기'를 위한 본문 활자체를 제안하였습니다. 아울러 화자의 호흡을 고스란히 드러내는 문장부호까지 새롭게 디자인하여 글이 머금은 '숨결'까지 살려내기를 바랐습니다.

1

노동자계급의 운명

점성술사가 별자리를 보듯
역사유물론자도 사물들의 배치를 봅니다.
하지만 역사유물론자는 천문 현상을
사회현상에 대한 '계시'로 받아들이지 않습니다.
역사유물론자도
사람의 운명에 대해 말하기는 합니다.
'흑인은 흑인이다. 그런데 일정한 관계들에서
그는 노예가 된다.' 이것이
역사유물론자가 말하는 흑인의 '운명'입니다.
그러나 이것은 어떤 한 흑인이 겪게 될
비극적 사건에 대한 예언이 아닙니다.
'노예가 될 흑인의 운명'이란
'인종주의 노예제사회'를 달리 표현한 것뿐입니다.

오노레 도미에, 〈삼등 열차〉, 1863~1865.
마르크스가 말한 '노동자계급의 운명'도 마찬가지다.
오늘 노동자는 내일도 노동력을 팔 것이며, 그 자녀도 노동력을 팔 것이라고 말하는 것은
어떤 인간의 미래를 점치는 게 아니다. 미래에 실현될 예언이 아니라
현재 작동하는 사회적 배치에 대한 확인이라 할 수 있다.

운명(Geschick). 우리는 마침내 이 단어에 이르렀습니다. 내게는 제23장(영어판은 제25장)의 첫 문장에 들어 있는 이 단어가 『자본』 I권의 정상(頂上)을 알리는 이정표로 보입니다. 자본의 생산(증식과 축적)에 대한 분석을 끝내고 자본축적의 일반법칙(allgemeine Gesetz)을 말하는 곳 입구에 '운명'이라는 말이 걸려 있는 게 그저 우연처럼 보이지 않습니다.

　　이 시리즈를 시작하며 나는 『자본』을 읽고 나면 "노동자의 불운이 개인적 불운이 아니라 그가 속한 사회의 기하학적 성격이라는 것, 아버지의 불운과 아들의 불운이 독립적 사건이 아니라는 것, 노동자가 되지 못한 자의 불운은 노동자가 된 자의 불운과 맞물려 있다는 것, 부자를 낳는 원리가 빈민을 낳는 원리이기도 하다는 것, 잉여가치를 낳는 사회가 잉여인간을 낳는 사회이기도 하다는 것 등"을 알게 될 거라고 했습니다(『다시 자본을 읽자』, 저자의 말). 이 말을 한마디로 압축하면 '노동자계급의 운명'이라고 할 수 있습니다. 노동자계급의 운명은 〈북클럽 『자본』〉 시리즈의 열한 번째 책인 이번 책의 주제이지만, 또한 『자본』 전체의 주제이기도 합니다. 『자본』은 노동자계급의 운명에 대한 이론적 해명이라 할 수 있습니다.

　　○ 역사유물론자가 '운명'을 말하는 방식

『자본』 I권 제23장 '자본주의적 축적의 일반법칙'의 첫 문장을 찬찬히 살펴봅시다. "이 장에서는 자본의 증대(성장, Wachstum)가 노동자계급의 운명에 미치는 영향을 다룬다."

[김, 836; 강, 837] 나는 제23장의 제목과 이 첫 문장에서 다음 세 가지 사실을 읽습니다.

첫째, 자본주의적 축적의 일반법칙을 '자본의 증대가 노동자계급에 미치는 영향'이라는 말로 받은 것에 주목합니다. 이는 노동자계급의 운명은 자본축적의 일반법칙이 실현된 것이라는 뜻입니다. 지금까지 우리가 살펴본 노동자들의 불행이 법칙(법)으로부터의 일탈이 아니라 법칙의 실현이라는 거죠. 불법이 아니라 합법이라는 말입니다.

둘째, '노동자계급의 운명'이라고 말했습니다. 이 운명은 개인적인 것이 아니라 집합적인 것, 계급적인 것이라는 뜻이지요. 개인으로서는 모르지만 계급으로서 노동자는 이 운명을 벗어날 수 없습니다. 특정 개인은 노동자의 처지를 벗어날 수도 있고 특정 자본가를 피할 수도 있을지 모릅니다. 하지만 계급으로서의 노동자는 자본가계급을 피해서 살 수가 없습니다.

셋째, 첫 문장에는 운명 내지 법칙의 독립변수와 종속변수가 나타나 있습니다. 자본의 증대, 자본의 축적에 따라 노동자계급의 운명이 규정됩니다. 노동자계급의 운명은 자본의 운동의 종속변수인 것이지요. 자본주의에서는 그렇다는 겁니다.

그런데 자본의 축적이 노동자계급의 운명에 미치는 영향을 본격적으로 살펴보기 전에 한 가지 하고 싶은 이야기가 있습니다. 바로 '운명'이라는 말에 대해서입니다. 아무래도 '운명'이라는 말은 역사유물론자와 어울리지 않는 것처럼 보이니까요. 신학이나 종교, 넓게 보아 관념론에서 애용하는 단어가 아닐까 싶은데요. 과연 역사유물론자가 운명을 말할 수 있을까요. 역사유물론자가 운명을 말한다면 그것은 점성술이나 예정설, 목적론 등과 어떻게 다를까요.

역사유물론자도, 점성술사가 별자리를 보듯, 사물들의 배치를 봅니다. 그러나 역사유물론자는 천문 현상에서 사회 현상을 읽어내지는 않습니다. 별들의 자연적(천문학적) 배치와 부의 사회적(경제학적) 배치는 별개입니다. 역사유물론자는 전자를 후자에 대한 계시로 받아들이지 않습니다. 역사유물론자도 사람의 운명에 대해 말하기는 합니다. '흑인은 흑인이다. 그런데 일정한 관계들에서 그는 노예가 된다.' 이것이 역사유물론자가 말하는 '흑인의 운명'입니다. 그러나 이것은 어떤 한 흑인이 겪게 될 비극적 사건에 대한 예언이 아닙니다. 개인의 알 수 없는 미래에 대한 예언이라기보다, 그 개인이 살고 있는 사회의 성격에 대한 공표라 할 수 있지요. '노예가 될 흑인의 운명'이란 '인종주의 노예제사회'를 달리 표현한 것뿐입니다.

마르크스가 말한 '노동자계급의 운명'도 마찬가지입니다. 오늘 노동자는 내일도 노동력을 팔 것이며, 그 자녀도 노동력을 팔 것이라고 말하는 것은 어떤 인간의 미래를 점치는 게 아닙니다(점쟁이가 '내년에 취업 운이 있다'라는 식으로 말하는 것과는 다르지요). 미래에 실현될 예언이 아니라 현재 작동하는 사회적 배치에 대한 확인이라 할 수 있습니다. 자본주의사회의 재생산을 오늘과 내일, 부모와 자녀라는, 관계를 나타내는 말로 표현한 것뿐입니다.

요컨대 역사유물론자가 말하는 운명은 현재의 사회적 배치의 다른 이름이라고 할 수 있습니다. 운명을 읽는다는 것은 이 배치를 읽는 겁니다. 물론 역사유물론자는 이 배치가 역사적이라는 것 또한 잘 알고 있습니다. 그는 하나의 배치를 읽을 때 그것의 해체 가능성 또한 읽습니다(『자본의 꿈 기계의 꿈』, 192쪽). '그런' 배치이기 때문에 '그런' 문제가 생기고 '그런' 식의 해체가 일어날 수 있음을 아는 것이지요.

역사유물론자는 예정론자나 숙명론자가 아닙니다. 노예의 운명은 그것이 노예제와 더불어 생겨났듯 그것을 가능케 한 사회적 배치의 해체와 더불어 사라집니다. 노동자의 운명도 그렇습니다. 노동력의 상품화를 가능케 한 사회적 배치는 역사적으로 출현했고 역사적으로 사라질 겁니다. 역사유물론자는 사회적 배치를 읽으며 사물의 운명을 읽지만 또한 그 배치의 해체와 더불어 도래할 사물의 다른 운명도 읽습니다(『자본의 꿈 기계의 꿈』, 저자의 말). 현재가 지시하는 미래(재생산으로서의 미래)와는 다른 미래의 가능성을 읽고 또 그 가능성을 발굴하려 하지요. 내 생각에 이것이 역사유물론자가 '운명'을 말하는 방식입니다.

◦ 자본의 구성—가치구성, 기술적 구성, 유기적 구성
자본축적과 더불어 노동자계급의 운명은 어떻게 되는가. 마르크스는 가장 중요한 요인을 '자본의 구성'(Zusammensetzung

des Kapitals)에서 찾습니다. 자본축적이 진행되면서 나타나는 자본구성의 변화가 노동자계급의 운명에 큰 영향을 미친다는 거죠.[김, 836; 강, 837] '자본의 구성'은 이전에도 몇 차례 언급했던 개념입니다. 불변자본과 가변자본을 구분할 때(『생명을 짜 넣는 노동』, 121쪽), 그리고 기계제로의 전환이 고용에 미치는 효과를 서술할 때(『자본의 꿈 기계의 꿈』, 139~140쪽) 이 개념을 언급한 바 있습니다.

'자본의 구성'이란 말 그대로 자본이 어떻게 구성되어 있느냐 하는 겁니다. 자본가는 원료와 기계 등 생산수단을 구매하고 또 노동력을 구매합니다. 그가 투자한 자본은 생산수단에 해당하는 부분(불변자본, c)과 노동력에 해당하는 부분(가변자본, v)으로 이루어져 있지요. 자본의 구성이란 이 둘 사이의 비율입니다($\frac{c}{v}$). 시리즈의 이전 책들에서는 이 비율을 '가치'(Wert)로 표시했습니다(편의상 화폐로 표현했지요). 생산수단의 가치와 노동력의 가치 사이의 비율 즉 불변자본과 가변자본의 비율로 이야기했지요.

그런데 '자본의 구성'을 '소재'(Stoff)의 측면에서, 다시 말해 '실물'로도 표현할 수 있습니다. 투자한 자본이 어떻게 구성되어 있는지를 생산수단과 노동력의 '양'으로 나타낼 수도 있다는 겁니다. 이를테면 '자본의 구성'을 원료 10억 원, 기계 100억 원, 노동력에 5억 원 하는 식으로 쓰는 대신 원료 10톤, 기계 10대, 노동자 10명(혹은 노동력 2만 시간) 하는 식으로 쓰는 겁니다. 이 경우 자본의 구성은 생산수단의 양과 노동력의 양 사이의 비율이 되겠지요(이렇게 동일한 것을 한 번은 '가치'의 측면에서, 다른 한번은 '소재'의 측면에서 접근하는 게 낯설지 않을 겁니다. 우리는 이미 노동과정에 대한 분석이나 사회형태의 재생산에 대한 분석에서 이런 접근 방식을 접한 바 있습니다).

마르크스는 자본의 구성을 전자의 방식으로 나타낸 것을 자본의 '가치구성'(Wertzusammensetzung)'이라고 부르고, 후자의 방식으로 나타낸 것을 자본의 '기술적 구성'(technische Zusammensetzung)'이라고 부릅니다. 그런데 마르크스는 여기에 한 가지를 더합니다. 자본의 '가치구성'과 '기술적 구성'은 서로 밀접한 관계에 있는데요. 이 둘 사이의 관계를 나타내는 개념으로 자본의 '유기적 구성'(organische Zusammensetzung)을 제안합니다. 자본의 '유기적 구성'이란 "자본의 가치구성이 자본의 기술적 구성에 의해 결정되고 이 기술적 구성의 변화를 반영하는 경우에 한에서"의 '가치구성'을 가리킵니다. 말이 좀 어려운가요? 자본의 가치구성이 기술적 구성을 나타낼 때, 즉 가치구성이 기술적 구성에서 일어난 변화를 그대로 보여줄 때, 그때의 가치구성을 '유기적 구성'이라고 부르겠다는 겁니다.[김, 836; 강, 837~838]

왜 '유기적 구성' 개념이 필요할까요. 자본의 구성을 가치의 액수로 표현하거나 실물의 양으로 표현하면 되지 왜 굳이 새로운 개념을 쓰는 것일까요. 게다가 '유기적 구성'도 어차피 '가치구성'이라고, 즉 기술적 구성을 보여주는 가치구성을 유기적 구성이라 한다고 하면서 말입니다.

이 개념이 필요한 이유가 있습니다. 사실 자본의 '기술적 구성'은 산업부문별 비교도 어렵고 사회 전체 차원에서 합산하기도 어렵습니다. 기술적 구성을 계산하려면 생산수단의 양과 노동력의 양을 구해야 하는데요. 산업부문에 따라 원료와 기계가 제각각입니다. 어떤 업종에서는 원료의 양을 무게로 재지만 어떤 업종에서는 개수로 재고 또 어떤 업종에서는 길이로 잽니다. 사용되는 원료들이 업종마다 아주 다르기 때문이죠. 기계도 그렇습니다. 어떤 업종에서는 기계 대수를 세는 것이 의미가 있지만 어떤 업종에서는 전체 시스템이 하나로 작동할 수도 있지요. 이 경우 작동 방식과 성능이 다른 기계들의 양을 어떻게 재고 비교할 수 있을까요. 그뿐 아니라 총자본의 수준에서 기술적 구성을 말하려면, 산업 전체 생산수단의 양을 합치고 평균도 구해야 할 텐데요. 부문과 업종에 따라 저마다 다른 원료, 다른 기계를 쓰는데 이것들을 합산하는 게 가능할까요. 불가능할 겁니다.

하지만 기술적 구성의 변화를 설명할 길이 아주 없는 것은 아닙니다. 가치구성으로 우회하는 방법이 있지요. 우리는 상품의 경우 서로 사용가치가 달라도 가치를 비교하고 합산하는 게 가능하다는 걸 압니다. 자본의 구성도 가치로 나타내면 부문이나 업종을 넘어서 생산수단의 양을 비교하고 합산할 수 있습니다. 생산수단에 쓴 돈(가치)과 노동력에 쓴 돈(가치)의 비율을 비교하는 것이지요. 생산수단에 투자한 가치가 노동력에 투자한 가치보다 상대적으로 증가하면, 생산수단의 양도 노동력의 양에 비해 상대적으로 증가한다고 간주하는 것이지요.

그런데 여기에는 전제가 필요합니다. 가치의 양적 변화가 실물의 양적 변화를 그대로 반영한다고 간주할 수 있어야 하지요. 이를테면 자본가가 다음번 생산주기에 원료에 대한 지출(가치)을 10퍼센트 늘렸다면 실제로 원료가 10퍼센트 추가된 것이라고 말할 수 있어야 합니다. 이렇게 가치구성을 통해 기술적 구성을 표현할 때, 다시 말해 가치구성이 기술적 구성을 나타낸 것으로 간주될 수 있을 때 그 가치구성을 유기적 구성이라고 부르는 겁니다.

그러나 가치구성이 반드시 기술적 구성과 일치하는 건 아닙니다. 자본의 구성($\frac{c}{v}$)을 가치량 사이의 비율로 나타낼 때와 소재량(실물량) 사이의 비율로 나타낼 때 그 값은 크게 달라질 수 있습니다. 마르크스도 이를 잘 알고 있었습니다. 그는 각각 구리와 철을 다루는 업체들을 예로 들었는데요.[3] 단순히 생산수단의 양과 노동력의 양만 따지면 두 업체의 기술적 구성이 비슷할 수 있습니다. 양쪽 모두 10톤의 원료를 처리하는 데 10명의 노동자가 하루 동안(10명×8시간=80노동시간) 일해야 한다고 해봅시다. 이 경우 기술적 구성은 같습니다. 하지만 구리가 철보다 훨씬 비싸다면 가치구성은 구리를 다루는 업체 쪽이 그만큼 높을 겁니다. 당연히 변동의 폭도 다르겠지요. 기술적 구성이 변하지 않아도 생산수단의 가치가 크게 달라지면 가치구성 또한 크게 변할 수밖에 없습니다. 물론 반대도 성립하지요. 가치구성은 큰 변화가 없는데 기술적 구성이 크게 달라질 수 있습니다.

자본의 구성(가치구성)을 식으로 표현하면 유기적 구성이 성립하기 위해 어떤 조건이 필요한지 쉽게 알 수 있습니다. 마르크스가 제시한 식은 아니지만 자본의 구성을 다음과 같이 나타낼 수 있을 겁니다.[4]

$$\frac{c}{v} = \frac{M}{n} \times \frac{\lambda_1}{\lambda_2 b}$$

(M은 생산수단의 수량, n은 노동자 수, λ_1은 생산수단의 단위가치, λ_2는 임금을 구성하는 생활수단의 단위가치, b는 임금을 구성하는 생활수단의 양)

이렇게 식으로 써놓은 걸 더 골치 아파하는 사람도 있겠습니다만 차분히 보면 어려운 이야기가 아닙니다. 생산수단의 가치와 노동력의 가치를 구성요소들로 풀어놓은 것뿐입니다. 먼저 분자인 생산수단의 가치(c)는 생산수단의 수량(M)에 생산수단의 가치(λ_1)를 곱한 겁니다. 면화가 톤당 100만 원이라면 10톤을 사용했을 때는 1000만 원이 되겠지요(10톤×100만 원). 분모인 노동력의 가치(v)도 마찬가지입니다. 노동자 수(n)에 노동력의 가치(임금)를 곱하면 되겠지요. 다만 노동력의 가치는 노동자들의 생활에 필요한 생활수단들의 가치로 구성되므로, 생활수단의 수량(b)에 생활수단의 단위가치(λ_2)를 곱한 것이지요.

그런데 이 식에서 보는 것처럼 우변은 '수량을 나타내는 부분'과 '가치를 나타내는 부분'으로 다시 나눌 수 있습니다. 여기서 '수량을 나타내는 부분' 즉 생산수단의 양과 노동력의 양(노동자 수)의 비율($\frac{M}{n}$)이 바로 자본의 '기술적 구성'입니다. 따라서 이 식은 자본의 가치구성($\frac{c}{v}$)과 기술적 구성($\frac{M}{n}$)의 관계, 즉 유기적 구성이 무엇인지를 간명하게 보여줍니다. 가치구성($\frac{c}{v}$)이 기술적 구성에 나타난 변화를 그대로 나타내려면 오른쪽 항($\frac{\lambda_1}{\lambda_2 b}$)이 상수가 되어야 합니다. 그러면 가치구성은 기술적 구성과 비례관계가 성립하지요. 기술적 구성이 10퍼센트 증가하면 가치구성도 10퍼센트 증가하는 관계가 됩니다. 이때의 가치구성을 유기적 구성이라고 부르는 거죠.

◦ 자본의 '유기적 구성'을 말하는 이유

유기적 구성은 '$\frac{\lambda_1}{\lambda_2 b}$'의 값이 일정한 경우의 가치구성입니다. 그런데 이 값($\frac{\lambda_1}{\lambda_2 b}$)의 정체가 도대체 뭘까요. λ_1은 생산수단(생산재)의 단위가치라고 했고, λ_2는 노동력의 가치를 구성하는 생활수단(소비재)의 단위가치라고 했습니다. 개당 가치가 얼마인가, 즉 한 개를 생산하는 데 노동력을 얼마만큼 투여하는가의 문제이므로 생산성(노동생산력)을 나타낸다고 할 수 있지요(정확히는 $\frac{1}{\lambda_1}$, $\frac{1}{\lambda_2}$가 생산성을 나타냅니다. 생산성이 높을수록 단가는 낮아질 테니까요). b는 노동력의 가치를 재생산하는 데 필요한 생활수단의 양이므로 '실질임금'에 해당한다고 볼 수 있습니다(임금을 화폐로 표시한 것을 '명목임금'이라 하고 생활수단의 양으로 표시한 것을 '실질임금'이라고 합니다. 화폐가치가 떨어져 물가가 오르면 명목적으로는 임금이 올라도 실질적으로는 오르지 않은 것과 같습니다. 실질임금을 화폐액으로 표시할 때는 명목임금을 물가지수로 나누어 구합니다).

이 값($\frac{\lambda_1}{\lambda_2 b}$)이 일정하다는 건 두 가지로 생각해볼 수 있습니다. 하나는 모든 변수가 변하지 않는 경우입니다. 각 부문의 생산성이 불변(λ_1, λ_2가 불변)이고 실질임금(b)도 그대로인 경우지요. 다른 하나는 분자와 분모가 같은 비율로 변하는 경우, 즉 생산수단의 가치(λ_1)와 노동력의 가치($\lambda_2 b$)가 동일한 비율로 변하는 경우입니다.[5]

이런 일이 과연 가능할까요. 첫 번째 경우는 너무 비현실적입니다. 생산성도, 실질임금도 전혀 변하지 않는다는 건 이론적으로나 상정해보는 것이지 현실에서는 불가능한 이야기죠. 두 번째 경우가 그나마 조금 더 현실적입니다. 두 부문 간에 생산성 격차($\frac{\lambda_1}{\lambda_2}$)가 생길 때 그 격차만큼을 실질임금($b$)의 변화가 상쇄하는 경우지요. 물론 부문 간 생산성 격차와 실질임금 변화 폭이 일치해야 할 이유는 없습니다. 어떤 때 우연히 그럴 수는 있지만요(이를테면 두 부문의 생산성 격차가 20퍼센트 벌어졌는데 때마침 실질임금도 20퍼센트 증가했다면, $\frac{\lambda_1}{\lambda_2}$값의 증가분 20퍼센트를 b값 증가분 20퍼센트가 상쇄해서 $\frac{\lambda_1}{\lambda_2} \times \frac{1}{b}$ 값은 불변하게 되지요).

사실 두 경우 모두 그리 현실적이지 않습니다. 정운영의 표현을 빌리자면, "첫 번째 해석은 지나치게 비현실적이고, 두 번째 해석 역시 지극히 우연적"입니다.[6] 유기적 구성 개념을 현실 분석에 적용하기는 어렵다는 이야기죠. 그래서 정운영은 조건이 지나치게 엄격한 '유기적 구성' 개념 대신 그냥 '가치구성' 개념을 쓰는 게 낫다고 말합니다.[7]

그런데 이런 의문이 듭니다. 마르크스는 왜 현실적으로 불가능하거나 아주 우연한 경우에만 성립하는 이런 개념을 쓰려는 걸까요. 앞서 말한 것처럼 그도 가치구성과 기술적 구성의 변동이 일치하지 않는 경우가 더 일반적이라는 걸 알고 있었는데 말이지요. 심지어 그는 이런 당부까지 하고 있습니다. 자신이 "그냥 자본의 구성이라고 말한 경우에는 언제나 자본의 유기적 구성으로 이해해야 한다"라고요.[김, 837; 강, 838] 유기적 구성 개념에 대한 마르크스의 의지가 느껴집니다. '자본의 구성'이라고만 말해도 '유기적 구성'을 말한 것으로 알아들으라는 이야기는 특별한 경우가 아니면 '자본의 구성'을 그냥 '유기적 구성'의 관점에서 바라보겠다는 뜻입니다.

실제로『자본』 III권에서는 '자본의 구성'을 가치(투자액)로 표현하고, 산업부문별로 상이한 자본의 구성을 비교하고, 사회 전체 차원에서 자본의 평균적 구성을 이야기합니다.[8] 그런데 마르크스는 이렇게 표현한 가치구성을 유기적 구성이라고 부릅니다. 가치구성 형태로 표현했지만 기술적 구성 즉 생산수단의 양과 노동력의 양(노동자 수)의 구성에 대한 표현으로 보아달라는 것이지요.

마르크스가 유기적 구성 개념을 고집하는 것은 그만큼 기술적 구성 문제를 중요하게 생각한다는 뜻입니다. 자본가가 불변자본과 가변자본에 돈을 얼마나 투자했는지도 중요하지만, 실제로 사용한 생산수단의 양과 노동력의 양이 얼마만큼인지, 그리고 이 둘 사이의 비율이 어떻게 변해가는지가 중요하다는 이야기지요. 비록 가치구성과 기술적 구성이 엄격히 일치하지는 않더라도, 가치구성이 기술적 구성의 추이를 어느 정도 보여줄 수만 있다면 큰 의미가 있다고 보는 겁니다.

나는 그 이유 중 하나가 이번 책의 주제와 관련이 있다고 생각합니다. 노동자계급의 운명 말입니다. 자본의 유기적 구성은 자본관계(계급으로서 자본가와 노동자가 맺는 관계)를 표현하고 있기도 합니다. 불변자본과 관계하는 가변자본의 양이란 단순한 투자액 크기가 아닙니다. 유기적 구성은 생산수단에 결합하는 노동력의 양 또한 표현하고 있지요. 이 노동력의 양이란 자본관계 안으로 들어가는 사람들의 양이라고 말할 수 있습니다.

나는 마르크스가 이전에 썼던 표현(그리고 이번 책에서도 여러 번 만나게 될 표현) 하나를 환기하고 싶습니다. 바로 '인간재료'(Menschenmaterial)라는 단어입니다. 마르크스는 기계제 대공업에서 기계와 결합하는 노동자들을 '인간재료'라고 했습니다(『자본의 꿈 기계의 꿈』, 57~60쪽). 노동자들을 생산의 주체라기보다는 객체로서 마치 원료를 지칭하듯 그렇게 불렀습니다. 또 자본축적 과정을 "착취당하는 인간재료의 양을 확대"하는 일이라고도 했습니다(『자본의 재생산』, 180쪽).

결국 자본의 유기적 구성은 생산수단의 양과 인간재료의

양적 비율, 다시 말해 자본의 착취 재료가 된 인간의 상대적 비율을 보여준다고 할 수 있습니다. 얼마나 많은 사람이 어떤 방식으로 착취의 재료가 되는가. 얼마나 많은 사람이 어떤 방식으로 이런 운명에 빠져드는가. 자본의 유기적 구성은 자본의 기술적 구성을 가치량(화폐액)으로 표현한 것이기 때문에, 상이한 산업부문과 업종에서 생산수단의 양과 인간재료의 양을 합산할 수 있게 해줍니다. 그 덕분에 '사회 전체'의 차원에서 노동자계급의 운명이 어떻게 만들어지고 어떻게 변해가는가를 살펴볼 수 있지요.

자본의 구성은 동일한 산업부문에서도 개별 자본마다 다를 겁니다. 하지만 우리는 유기적 구성 개념 덕분에 각각의 투자액을 더하고 나누어 평균을 낼 수 있습니다. 이렇게 평균을 낸 값이 해당 부문 자본의 구성이 될 겁니다. 그리고 각 생산부문을 더해 평균한 값이 나라의 전체 자본, 곧 사회적 총자본의 구성이 되겠지요.[김, 837; 강, 838]

이런 식으로 사회적 총자본의 구성을 구하고 그 변화 양상을 살펴보면, 우리는 전체 노동자 즉 노동자계급의 운명에 나타난 변화를 이야기할 수 있습니다. 마르크스가 "앞으로의 논의에서는 사회적 자본[총자본]의 구성만을 문제로 삼겠다"라고 말한 것은 이 차원에서만 계급으로서 노동자의 운명을 말할 수 있기 때문입니다.[김, 837; 강, 838] 바로 이것을 가능케 한 개념적 장치가 자본의 유기적 구성인 겁니다.

2

빈민의 노동은
부자의 보물광산

자본의 축적(확대재생산)이 이루어지려면
노동력의 확대재생산이 필요합니다.
노동력의 재생산은
자본 재생산의 필수적 계기입니다.
자본의 구성이 불변인 상황에서
자본의 확대재생산은
자본관계의 확대재생산을 의미하고,
자본관계의 확대재생산은
"더 많은 자본가와 더 많은 임금노동자"의
재생산을 의미합니다.
자본의 성장과 노동인구의 확장은 나란히 갑니다.
"자본의 축적은 프롤레타리아트의 증식"이라
할 수 있습니다.

귀스타브 카유보트, 〈마룻바닥을 대패질하는 인부들〉, 1875.
자본축적을 위해서는 더 많은 사람을 자본관계 안으로, 노동자계급의 운명 속으로
집어넣어야 한다. 그런데 노동력의 생산(재생산)이란
노동력을 팔지 않고서는 살길이 없는 사람들의 생산(재생산)이다.
몸뚱이 하나만 남은 사람들이 그만큼 많아져야 한다는 뜻이다.
아이러니하게도, 부를 늘리기 위해서는 가난한 사람들이 많아야 한다.

자본의 성장은 노동자계급의 운명에 어떤 영향을 미치는가(이제부터 이야기하는 '자본'은 모두 사회적 '총자본'입니다). 자본은 불변자본과 가변자본으로 구성되어 있습니다. 자본이 성장한다는 것은 그 구성 성분인 불변자본과 가변자본이 늘어난다는 이야기입니다. 특히 가변자본은 꼭 늘어나야 합니다. 가치증식의 원천이니까요. 그리고 가변자본이 늘어난다는 것은 노동력의 규모가 커진다는 뜻입니다(노동력의 가치가 일정하다고 했을 때).

○ 자본의 축적은 프롤레타리아트의 증식이다

자본이 늘어나면 노동력은 얼마나 늘어날까요. 자본의 구성을 먼저 살펴야 합니다(여기서 '자본의 구성'이란 별도의 언급이 없는 한 자본의 '유기적 구성'을 가리킵니다). 자본의 구성이 변하면 추가자본의 규모가 동일해도 노동력의 양이 달라집니다. 사실 우리는 기계제 대공업에 관한 장에서 이를 살펴본 바 있습니다. 불변자본의 상대적 비중이 커지면 자본의 '고용 유발 효과'가 떨어진다고 했지요(『자본의 꿈 기계의 꿈』, 140쪽). 자본의 구성($\frac{c}{v}$)에서 불변자본(c)이 차지하는 비중이 커지면(자본의 구성이 고도화되면), 그만큼 가변자본(v)의 비중이 작아지기 때문에, 전체 투자액이 늘어나도 노동력이 예전만큼은 늘어나지 않습니다. 그래서 자본의 구성이 중요합니다.

마르크스가 먼저 검토하는 것은 자본의 구성이 불변인 경우입니다. 일정량의 생산수단을 가동하는 데 똑같은 노동량이 드는 거죠. 이를테면 1톤의 원료를 처리하는 데 5명의 노동자가 필요하다고 합시다. 구성이 불변이면, 즉 그대로라면 추가자본의 경우에도 이 비율이 유지되어야 합니다. 2톤이 되면 10명, 10톤이 되면 50명이 필요하겠지요. 생산수단에 투여되는 불변자본이 10배 늘면 가변자본도 10배 늘어나는 식이지요. 이 경우 자본 전체도 10배 늘어납니다. 이처럼 자본의 구성이 불변인 경우 불변자본과 가변자본의 증가속도는 자본의 증가속도에 비례합니다.[김, 837; 강, 838]

자본의 구성이 불변인 상태에서 축적이 계속되면 축적의 규모에 비례해 노동력의 양도 늘어날 겁니다. 그런데 축적규모가 커질수록 필요한 노동력의 절대량이 매우 커집니다. 만약 자본이 10퍼센트씩 성장한다면 100명의 노동자가 일할 때는 추가로 10명이 필요하지만, 이미 1만 명의 노동자가 일하고 있다면 추가로 1000명이 필요합니다. 똑같이 10퍼센트의 노동력을 추가하는 것이지만 10명을 더 구하는 것과 1000명을 더 구하는 것은 완전히 다른 문제입니다. 노동자의 생산은 일반 재화의 생산과 다릅니다. 수요가 늘었다고 곧바로 공급될 수 있는 게 아니지요. 더구나 이미 고용된 사람이 많다면 추가 인원을 확보하기가 더 어려울 겁니다.

이뿐만이 아닙니다. 자본은 점진적으로만 증가하는 게 아니거든요. 규모가 갑자기 커질 때가 있습니다.[김, 837; 강, 838] 새로운 시장, 새로운 사업 영역이 열리면서 투자 열풍이 부는 거죠. 사회 전체적으로 부에 대한 충동(Bereicherungstrieb)이 깨어난다고 할까요. 이때는 웬만큼 돈 있는 사람은 모두 부나방처럼 거기로 뛰어듭니다.

이렇게 갑자기 투자가 늘어나면 노동력을 조달하는 게 더 어렵습니다. 수요가 공급을 초과하면서 노동시장이 금세 바닥을 드러내죠. 이때 자본가들은 진공청소기처럼 곳곳에서 인구를 빨아들입니다. 우리는 이미 이런 모습을 본 적이 있습니다. 자본가들은 생산에 필요한 노동자들을 구하기 위해 농촌을 누비며 '인간화물'을 공장으로 배송했고, 특히 구빈원 같은 인간저장소를 약탈했습니다. 강제 인신매매가 곳곳에서 일어났지요(『공포의 집』, 118쪽 그리고 120~121쪽).

마르크스에 따르면 영국에서는 15세기 내내 그리고 18세기 전반기에 이런 현상이 나타났습니다.[김, 838; 강, 838~839] 15세기라면 자본주의가 태동하던 때죠. 아리기(G. Arrighi)는 이 시기 영국이 "이탈리아와 플랑드르 제조업 중심지를 위한 가장 중요하고 가장 대규모의 고급 양모 공급원"이었다고 했습니다. 양모 무역의 확대는 "영국 사회를 지배하게 된 강력한 상업 충동"을 일깨웠지요.[9] 15세기 말부터 아메리카와 아프리카에 대한 약탈이 시작되었고 상품 교역이 크게 확대되었습니다. 자본주의적 생산양식이 자리를 잡아갔지요. 이때 영국 농촌 지역(항구를 갖춘 해안 지역과 함께)에는 매뉴팩처가 생겨났습니다.[김, 1028; 강, 1007] 매뉴팩처는 자본주의적 생산의 최초 형태라고 할 수 있습니다. 이런 매뉴팩처가 농촌 지역에 세워진 것은 도시와 길드의 통제를 벗어나기 위함이기도 했지만, 무엇보다 노동력이 거기 많이 있었기 때문입니다(『거인으로 일하고 난쟁이로 지불받다』, 197쪽).

17세기 말부터 18세기 전반기에 영국의 자본은 비약적으로 커집니다. 이 시기에 자본축적은 주로 해외 약탈을 통해 이루어졌는데요. 매뉴팩처 시기에도 해외 약탈이 큰 비중을 차지했습니다만 규모 면에서 이 시기에 비할 바가 못 됩니다. 마르크스의 표현을 빌리자면 매뉴팩처 시기의 일은 그저 "새싹에 불과"했지요.[김, 1037; 강, 1015] 17~18세기에는 무역 독점 회사들이 국가의 후원을 받으며 해외 약탈에 나섰습니다. 이렇게 약탈한 재물들이 본국에서 자본으로 바뀌었지요. 또한 축적의 지렛대 역할을 하는 각종 신용제도(은행과 채권, 주식 등)가 이때 만들어졌습니다.[김, 1033; 강, 1012] '자본가' 즉 '카피탈리스트'라는 말도 이때 출현했고요(『성부와 성자』, 34쪽). 그야말로 자본의 대(大)팽창 국면이었다고 할 수 있습니다.

이렇게 팽창한 자본이 생산에 투자되면 당장 노동력 부족 현상이 나타납니다. 그다음 세기(19세기)만 하더라도 노동 인구가 넘쳐난다는 말이 나오지만, 18세기까지는 일할 사람이 부족하다는 원성이 더 컸습니다. 상품을 생산하기 위해서는 가능한 한 빨리, 가능한 한 많은 노동자를 먼저 생산해야 했습니다. 노동자의 생산이 중요한 사회적 과제였지요(『공포의 집』, 134~135쪽).

물론 자본의 구성과 관련해 마르크스가 첫 번째로 검토

한 경우, 즉 자본의 구성이 불변인 경우가 역사의 특정 시기와 정확히 일치하는 것은 아닙니다. 굳이 역사적으로 말하자면 15세기 내내 그리고 18세기 전반기에 대체로 그랬다고 할 수 있지요. 사실은 한 세기에도 자본의 구성은 얼마든지 달라질 수 있습니다. 매뉴팩처 시기에도 자본의 구성은 변화했습니다. 분업을 효율적으로 조직하면서 노동생산력이 크게 증대했거든요. 노동생산력이 증대했다는 것은 노동자 한 사람이 처리하는 생산수단의 양이 많아졌다는 뜻입니다. 유기적 구성(기술적 구성)이 높을 수밖에 없지요. 그러나 이렇게 유기적 구성이 증가해도 기본적으로는 노동력의 공급이 달렸습니다. 이 시기 노동생산력의 증대는 노동력 부족에 대한 대응 차원에서 이루어졌다고 할 수 있지요(『자본의 꿈 기계의 꿈』, 117~118쪽).

정리하자면 이렇습니다. 자본의 축적, 즉 자본의 확대재생산이 이루어지려면 노동력의 확대재생산이 필요합니다. 노동력의 재생산은 자본 재생산의 필수적 계기입니다. 자본의 확대재생산을 위해서는 자본관계에 예속되는 노동인구가 계속 늘어나야 합니다. 자본의 구성이 불변인 상황에서 자본의 확대재생산은 자본관계의 확대재생산을 의미하고, 자본관계의 확대재생산은 "더 많은 자본가(혹은 더 큰 자본가)와 더 많은 임금노동자"의 재생산을 의미하니까요. 자본의 성장과 노동인구의 확장은 나란히 갑니다. 요컨대 "자본의 축적은 프롤레타리아트의 증식"이라 할 수 있습니다.[김, 838; 강, 839]

고전파 경제학자들이 생산적 노동자의 중요성을 강조한 것은 이런 맥락입니다. 우리 시리즈의 지난 책들에서 내가 몇 차례 언급한 스미스의 문장을 기억할 겁니다. "다수의 매뉴팩처 노동자를 고용하면 부자가 되지만 다수의 하인을 유지하면 가난해진다"(『자본의 재생산』, 112쪽). 부자가 되려면, 즉 자본을 더 늘리려면 생산적 노동자에 투자해야 한다는 거죠. 고전파 경제학자들은 자본축적을 위해서는 생산적 노동자를 늘려야 한다고 생각했고(여기까지는 옳습니다), 여기서 한발 더 나아가 자본 증가분(추가자본)을 생산적 노동자가 모두 소비한다는 주장까지 했습니다(여기서 틀렸습니다)(『자본의 재생산』, 115~116쪽). 추가자본을 생산노동자의 소비와 동일시하는 잘못을 저지르기는 했지만[김, 839; 강, 839], 어떻든 자본축적과 더불어 임금노동자가 증대한다는 것을 알아차렸다고는 하겠습니다.

그런데 여기서 잠시 생각해보고 싶은 주제가 있습니다. 조금 전에 마르크스는 "자본의 축적은 프롤레타리아트의 증식"이라고 했습니다. 여기서 그는 '프롤레타리아트'를 '임금노동자'와 같은 의미로 쓰고 있습니다. 주석에서도 이 점을 밝혔습니다. 프롤레타리아는 '경제학적으로는'(ökonomisch) 임금노동자에 다름 아니라고, 즉 자본가에게 고용되어 자본을 생산하고 증식하는 기능을 수행하는 노동자들(가치증식에 도움이 되지 않으면 언제든 쫓겨나는 노동자들)이라고 말이지요. [김, 838, 각주 1; 강, 839, 각주 70]

그러나 나는 '프롤레타리아트의 증식'을 곧바로 '임금노동자의 증식'과 동일시하지 말아야 한다고 생각합니다. 다시 말해 '프롤레타리아트'와 '임금노동자' 사이에 약간의 간극을 두고 싶습니다(부록노트를 참조하세요). 만약 자본의 유기적 구성을 얼마나 많은 사람이 노동자로 전환되는지, 얼마나 많은 사람이 자본관계 안에 포섭되는지의 관점에서 본다면, 이런 운명의 전환이 임금노동자에게만 일어났다고 말할 수 없기 때문입니다.

　　여기서 나는, 노동력이라는 상품의 출현(노동력 판매자로서 노동자의 등장)에 대해 마르크스가 언급한 내용을 환기하고 싶습니다(『성부와 성자』, 120~124쪽). 마르크스는 이때 '이중의 자유'에 대해 말했는데요. 한편으로 신분해방이 이루어져야 한다고 했습니다. 자유로운 인격체로서 자기 능력을 상품으로 처분할 수 있어야 한다고요. 다른 한편으로는 다수의 인구가 생산수단을 상실(생산수단으로부터의 자유)해야 한다고 했습니다. 자기 몸뚱이, 다시 말해 자신의 생체 능력을 내다 팔지 않고서는 살길이 없어야 한다고요. 사회적(공동체) 관계가 해체된 상황에서 생산수단을 잃은 채로 추방된 다수의 사람들, 자본관계에 어떤 식으로든 편입되지 않고서는 생존이 불가능해진 존재들이 노동력의 상품화, 곧 임금노동자 출현의 배경이었습니다.

　　그런데 이 불안정한 삶을 사는 사람들과 임금노동자의 외연이 같은 것은 아닙니다. 임금노동자처럼 노동력의 판매자로 살 수밖에 없는 운명이지만 일자리를 잃었거나 취업하지 못한, 혹은 취업으로부터 아예 배제된 사람들을 생각해야 합니다. 임금노동자들을 배출하는 집단이기도 하고 임금노동자들이 전락하는 집단이기도 하지요. 이들 역시 자본의 생산 및 재생산 과정에서 생산되고 재생산됩니다. 직접 자본의 한 부분(가변자본)으로 기능하지는 못하지만 간접적으로는 이들 역시 자본의 축적에 기여합니다.

실업자와 미취업자 등의 산업예비군이 자본축적과 관련하여 어떤 기능을 수행하는지는 조금 뒤에 자세히 살펴볼 겁니다. 그러나 이들 산업예비군 외에도 자본의 재생산에 필수적인 노동력의 재생산을 담당하는 (그러나 가치는 인정받지 못하는) 가사노동자(주부 등)가 있습니다(『임금에 관한 온갖 헛소리』, 부록노트). 또 자본의 생산에 동원되고 자본의 생산에 맞게 변형되고 재생산되는 자연생태계가 있습니다. 이들은 모두 자본의 재생산에 필수적입니다. 그 운명이 자본관계 바깥에 있다고 결코 말할 수 없습니다. 사실은 자본관계를 구성하고 있고 자본의 재생산과정에서 함께 재생산되지만 그것을 부인당하는 존재들인 것입니다. 그 운명이 자본관계 안에 예속되어 있는데도 자본관계 바깥으로 밀쳐진(자본가와의 계약 주체로서 인정받지 못하는) 존재들이지요. 자본관계에 '내재하는 외부'라고 할까요. 나는 "자본의 축적은 프롤레타리아트의 증식"이라는 말 속에서 이 존재들의 증식 또한 읽어내야 한다고 생각합니다.

◦ 가난이 부를 생산한다

자본축적을 위해서는 더 큰 노동력, 더 많은 노동자가 필요합니다. 더 많은 사람을 자본관계 안으로, 노동자계급의 운명 속으로 집어넣어야 합니다. 그런데 노동력의 생산(재생산)이란 노동력을 팔지 않고서는 살길이 없는 사람들의 생산(재생산)입니다. 몸뚱이 하나만 남은 사람들이 그만큼 많아져야 한다는 뜻이지요. 참 아이러니하죠. 부를 늘리기 위해서는 가난한 사람들이 많아야 한다는 사실이 말입니다.

17~18세기의 몇몇 학자는 이와 관련해 아주 솔직했습니다. 마르크스는 17세기 말 교육학자였던 존 벨러스(John Bellers)를 인용했는데요. 그는 1695년 펴낸 『산업대학 설립 제안』에서 "노동자들이 사람들을 부유하게 만들어주기 때문에 노동자가 많을수록 부자도 많다"라며, "빈민의 노동은 부자의 광산"이라고 했습니다.[김, 839; 강, 840]

1714년 『꿀벌의 우화』 *The Fable of the Bees*라는 떠들썩한 책을 펴낸 버나드 맨더빌(Bernard Mandeville)도 같은 주장을 폈습니다. "노예가 허용되지 않는 자유로운 나라에서 가장 확실한 부는 근면한 빈민이 얼마나 많은지에 달려 있다"[10][김, 840; 강, 840~841] 그는 나라가 부유해지려면 노동자들을 계속 가난과 무지에 묶어두어야 한다고 했습니다. 임금수준은 굶어 죽지 않을 정도, 저축이 절대 불가능한 수준에 두어야 하고요(그래야 언제나 일을 해야 한다는 생각을 잊지 않겠지요), 교육수준은 일을 하는 데 필요한 최소한의 수준에 머물게 해야 한다고 했습니다(아는 게 많아지면 기대가 높아지고 불평이 늘어난다고 했지요).[김, 839~840; 강, 840~841] 그에 따르면 '가난'은 빈민들을 일하게 만들고, '무지'는 고생을 고생으로 느끼지 않게 해줍니다.[11]

영국 작가 프레더릭 M. 이든(Frederick M. Eden)도 1797년에 펴낸 『빈민의 상태』*The State of the Poor*에서 부의 비밀이 가난한 사람들의 노동에 있다고 했습니다(마르크스에 따르면 그는 "애덤 스미스의 제자들 중 18세기에 의미 있는 무언가를 해낸 유일한 사람"입니다[김, 842; 강, 842]). 부자들이 스스로 노동하지 않으면서 타인의 노동생산물을 마음대로 처분할 수 있는 것을 이든은 "부르주아 제도의 순수한 창조물"이라고 했습니다. 부자들은 돈이나 땅을 가져서가 아니라 "노동에 대한 명령권(Kommando)"을 가졌기에 부자가 될 수 있었다고요. 얼마나 많은 타인의 노동을 자기 명령 아래 둘 수 있느냐, 얼마나 많은 빈민을 '예속관계' 아래 묶어둘 수 있느냐가 부를 축적하는 관건이라는 겁니다(이든은 이런 '예속관계'를 노예제와 구분하기 위해 '편안하고 자유로운(easy and liberal) 예속관계'라고 불렀습니다).[김, 841; 강, 842]

마르크스가 인용한 벨러스와 맨더빌, 이든은 각각 17세기 말, 18세기 초, 18세기 말에 활동한 사람들입니다. 이때는 아직 기계제 대공업이 본격화되기 전입니다. 제칩 매뉴팩처의 생산량을 보고 눈이 휘둥그레졌던 스미스를 기억할 겁니다. 겨우 10명의 노동자가 하루 동안 무려 4만 8000개의 바늘을 만든다고 감탄했었죠. 그런데 19세기 기계제 대공장에서는 노동자 단 1명이 기계 네 대를 작동시켜 바늘 60만 개를 만들었습니다(『자본의 꿈 기계의 꿈』, 154쪽). 17~18세기에 자본의 기술적 구성(노동력에 대한 생산수단의 비율)은 기계제 대공업 시기에 비하면 그리 높지 않았고 상대적으로 안정적이었다고 볼 수 있을 겁니다. 이 시기 학자들이 노동인구의 확장을 강조한 것은 이런 점에서 이해할 수 있습니다. 자본관계를 얼마나 큰 규모로 확대재생산 하느냐가 자본축적에 결정적 영향을 미칠 때니까요.

그러나 자본주의적 생산양식이 일단 자리를 잡으면 노동인구에 대한 고민은 기우라고 할 수 있습니다. 노동력의 재생산과 관련해 마르크스는 이렇게 말한 바 있습니다. "자본주의적 생산 메커니즘은 그것을 위해 이미 마음을 써"둔다고요(『자본의 재생산』, 101쪽). 자본주의적 생산 메커니즘은 다수의 사람들이 생산수단을 상실하면서(노동력과 노동조건이 분리되면서) 시작되는데요. 메커니즘이 작동하기 시작하면 이런 상황이 계속 만들어집니다(『자본의 재생산』, 89쪽). 축적 메커니즘 자체가 축적에 유리한 상황을 계속 조성하는 겁니다. 기존 노동자들은 노동력을 다시 팔아야 하는 상황에 처하게 되고, 노동자가 아닌 사람들은 노동자가 되지 않고서는 살 수가 없는 상황에 이르게 되지요.

참고로 맨더빌은 부유한 나라를 위해서는 '근면한 빈민들'이 많이 필요하다고 했는데요. 마르크스는 이 "정직하고 머리 좋은 맨더빌도 축적과정 메커니즘 자체가 이들 '근면한 빈민들' 즉 임금노동자를 늘려간다는 사실을 파악하지 못하고 있었다"라고 했습니다[김, 840; 강, 841]('정직하고 머리 좋은' 맨더빌에 대해서는 부록노트를 참조하세요).

○ 황금사슬에 묶였다고 노예가 아닌 것은 아니다

그래도 지금 우리가 검토하고 있는 경우는 노동자에게 상대적으로 유리합니다. 노동에 대한 수요가 공급을 넘어선 상황이지요. 수요가 높으니 임금이 오릅니다.[김, 837-838; 강, 838] 노동자들이 소비를 늘릴 수 있고 심지어는 일정 부분 저축을 할 수도 있을지 모릅니다. 취업을 통해 삶이 더 나아졌다는 느낌을 가질 수 있지요.

자본구성이 불변인 한에서 생산수단의 양과 노동력의 양이 비례적으로 늘기 때문에 착취의 강도는 높아지지 않습니다. 자본이 성장하면서 자본관계가 확장됩니다만, 이 확장은 내포적인(intensiv) 것이 아니라 외연적인(extensiv) 것입니다. 자본에 대한 예속의 강도가 높아지는 것이 아니라 범위가 확대되는 것이지요. 예속된 사람들의 수가 늘어나는 것뿐입니다. 이런 상태라면 예속도 '참을 만한'(erträgliche) 수준이 되지요.[김, 844; 강, 844]

그러나 '참을 만한' 예속이라고 해서 예속이 아닌 것은 아닙니다. 아무리 노동자에게 유리한 상황이라 해도, 노동자가 처할 수 있는 다른 상황보다 형편이 낫다는 것이지, 자본관계의 예속적 성격이 사라진다는 말은 아닙니다. 역축(役畜)이 귀한 곳에서 소에게 먹이를 충분히 주고 일을 과도하게 시키지 않는다고 해서 소가 역축이 아니라는 건 아니지요.

마르크스는 이것을 고대 로마에서 '페쿨리움'(Peculium)을 받는 노예의 처지에 비유했는데요. 페쿨리움이란 노예가 소유할 수 있도록 주인이 허락한 재산입니다. 정확히 말하면 주인이 허락하는 한에서만 가질 수 있는 재산이지요. 따라서 페쿨리움은 노예해방의 징표가 아니라 노예의 징표입니다. 굳이 덧붙인다면 형편이 조금 더 나아진 노예의 징표라고 할 수 있겠지요. 마르크스는 노동자에 대한 처우 개선도 크게 다를 바 없다고 봅니다. "더 나은 의복과 음식, 처우, 더 많은 페쿨리움이 노예의 예속과 착취를 폐지시키지 못하는 것처럼 임금노동자의 예속과 착취도 그렇다"라고 했습니다.[김, 844; 강, 844]

임금은 노동력이라는 상품의 가격입니다. 상품의 가격이 올라간다면 판매자(노동자)에게는 좋은 일이지요. 그러나 상승에는 한계가 있습니다. 마르크스는 이 주제에 대한 논쟁에 뛰어든 많은 사람이 핵심을 놓치고 있다고 지적합니다. 자본주의적 생산양식을 다른 생산양식과 구별해주는 '고유한 차이'(differentia specifica) 말입니다.[김, 845; 강, 844~845]

자본주의적 생산양식이라는 게 어떤 것인지(자본이란 무엇인지), 자본주의적 생산양식에서는 왜 노동력이라는 상품이 필요한지에 대해 생각해볼 필요가 있습니다. 이것을 이해하지 못하면 우리는 주인에게 묶여 있는 노예의 쇠사슬은 보면서도 자본가에게 묶여 있는 임금노동자의 끈은 볼 수가 없습니다(『자본의 재생산』, 81쪽). 노동력의 소유자인 노동자가 자본의 소유인 자본가만큼이나 자유롭고 평등한 존재로 보이지요.

마르크스는 여기서 기본 사실을 다시 확인합니다. 노동력이라는 상품의 사용가치는 무엇인가. 왜 구매자인 자본가는 노동력을 원하는가. 물론 자본가가 특정 서비스를 받기 위해 누군가를 고용해 그의 노동력을 사는 경우가 있기는 합니다. 월급을 주고 개인 요리사나 운전기사를 둘 수 있지요. 하지만 그때는 자본가로서 그리한 것이 아닙니다. 전에 짚어보았듯, 이 경우 그는 개인 소비자로서 소득을 지출한 것이지 자본가로서 자본을 투자한 것이 아닙니다(『임금에 관한 온갖 헛소리』, 36쪽).

자본가로서 노동력을 구매하는 목적은 오로지 '가치의 증식'에 있습니다. 자본가는 자본을 늘리기 위해 노동력을 구매합니다. "잉여가치의 생산 혹은 이윤 획득은 이 생산양식의 절대적 법칙"입니다.[김, 845; 강, 845] 자본가는 상품을 판매했을 때 더 많은 가치, 즉 상품을 생산할 때 지불한 가치보다 더 많은 가치가 실현되길 원합니다. 이것을 가능케 하는 것이 노동력이죠. 가치의 증식, 이것이 노동력의 사용가치입니다.

이런 기본적 사실을 우리는 여기서 다시금 깊이 음미할 필요가 있습니다. 자본축적이 임금의 상승을 동반하는가 그렇지 않은가를 논하기 전에 자본주의에서 노동력이라는 상품이 존재하는 이유를 상기해봐야 한다는 것이지요. 이전에도 여러 번 강조한 바와 같이, 이 상품의 존재 이유는 잉여가치의 생산에 있습니다. 노동력은 생산수단의 가치를 생산물로 이전하고, 자신의 가치를 재생산하며, 추가자본의 원천인 잉여가치를 생산할 때, 바로 그때 의미가 있습니다. 노동력이라는 '상품'의 존재 이유 속에 이미 잉여가치의 생산 즉 착취가 들어 있는 거죠. 달리 말하면 노동력의 판매 조건(누군가가 임금노동자가 되는 조건) 속에 잉여노동, 불불노동의 제공이 들어 있는 겁니다. [김, 845; 강, 845]

자본의 확대재생산에는 필수적 계기로서 노동력의 확대재생산이 포함되어 있다고 했습니다. 자본의 구성이 불변인 상태에서 예속 상태는 외연적으로만 늘어난다고 했는데요. 이것이 노동력의 판매 조건에 이미 착취가 들어 있다는 사실, 임금은 착취를 전제로 지불되는 것이라는 사실을 건드리는 것은 아닙니다. 자본축적이 노동자에게 상대적으로 유리한 상황에서 진행되어 임금이 많이 오르는 경우라 해도 이는 "기껏해야 노동자가 수행해야 하는 불불노동의 양적 감소"를 의미할 뿐입니다. 즉 착취량이 조금 줄어드는 것뿐이지요(여기서 '노동의 가격' 즉 '노동 단가'가 떨어지는데도 임금 전체가 오르는 경우는 제외해야 합니다. 시간외노동이나 강도 높은 노동을 수행해 노동자가 받는 전체 임금은 오르지만 실제로 노동 단가는 떨어지는 경우 말입니다. 이때는 임금이 오르지만 실제로는 착취가 늘어나는 것이니까요. 지금 말하는 것은 임금이 올라 착취가 조금 줄어드는 경우입니다).[김, 845; 강, 845] 어떤 경우에도 착취가 사라지는 수준까지 임금이 오르지는 않습니다. 만약 그렇게 된다면 노동력이라는 상품의 존재 이유가 사라지고 말지요.

거듭 말하지만 자본주의적 생산양식에서는 노동자에게 아무리 유리한 상황이 와도 착취가 일어납니다. 노동력을 상품으로 판매하는 사회에서는, 즉 노동자가 노동자인 한에서는 이 운명을 벗어날 수 없습니다. 상품 값을 제대로 받지 못했다면, 즉 상대방이 상품교환의 기본 법칙(법)을 어겼다면, 우리 시대의 법정 어디엔가 고발할 수 있을 겁니다. 하지만 상품이 상품인 한에서 일어나는 폭력, 다시 말해 노동력이 상품으로 존재하고 노동자가 이 상품을 판매함으로써만 살아갈 수 있다는 사실 자체는 우리 시대의 어느 법정에서도 고발할 수 없습니다. 합법적인 일이니까요. 이런 사실은 우리에게 법칙(법) 너머의 '무언가'를 감지하게 합니다.

이 '무언가'에 대해서는 조금 뒤에 다시 이야기하겠습니다. 다만 이것을 건드리지 못하는 한 예속 상태에서 벗어나는 것은 불가능합니다. '견딜 수 없는' 노예 생활과 '견딜 만한' 노예 생활 사이를 오갈 뿐입니다. 마르크스가 노동자들의 임금 인상 투쟁의 중요성을 이해하면서도 그것을 보수적 주장이라고 부른 이유가 여기에 있습니다. 그는 '정당한 임금을!'이라는 보수적 주장 대신에 '폐지'라는 혁명적 구호를 현수막에 써 넣어야 한다고 했지요(『자본의 재생산』, 175~176쪽). 자본축적과 더불어 임금이 오른다 해도, "그것이 실제로 뜻하는 바는 임금노동자 자신이 주조해낸 황금사슬의 크기와 무게 때문에 그 사슬의 조이는 힘이 조금 풀리게 되었다는 것뿐이다."[김, 845; 강, 844] 마르크스는 그렇게 썼습니다. 여기에 한 마디 덧붙이자면, 사슬의 조이는 힘과 상관없이 사슬을 차고 있는 한에서, 설령 그 사슬이 황금으로 된 것이라 해도, 그 사람은 노예입니다.

　○ 자본축적에 따른 임금의 변동—독립변수와 종속변수
임금 상승에 한계가 있다는 것은 임금이 성립하는 조건, 다시 말해 노동력의 판매 조건(노동력이라는 상품의 존재 이유) 속에 착취가 들어 있다는 사실과 관계가 있습니다. 정당한(등가교환이라는 점에서) 임금 아래에는 임금이라는 것 자체를 가능케 한 부당한(착취가 이루어진다는 점에서) 권력의 배치가 있습니다. 이것을 생각하지 않는 사람들은 임금 상승이 애초부터 어떤 한계에 있다는 것을 이해하지 못합니다. 그저 노동력의 수요공급 법칙에 따라 임금이 오르고 내린다고 생각합니다. 마치 노예제사회라는 걸 망각한 채 페쿨리움을 말하는 것과 같습니다.

　자본구성이 불변인 상황에서 자본축적이 이루어진다고 할 때, 자본축적과 노동가격의 상승이 함께 나타나는 경우는 두 측면에서 살펴볼 수 있습니다.[김, 846; 강, 845] 물론 현실적으로는 한 가지가 더 있지요. 노동자들의 강력한 투쟁이 노동가격의 상승을 이끌어내는 경우입니다. 지난 책에서 말한 것처럼, 노동일의 길이도 그렇고 노동의 가격도 그렇고, 저울대의 눈금은 '자본의 압력'과 '노동자들의 저항' 사이에서 정해지니까요(『임금에 관한 온갖 헛소리』, 96쪽). 계급 사이의 힘과 힘의 대결은 현실적으로 매우 중요하게 고려해야 할 요인임에 틀림없습니다. 다만 이것은 논리의 영역은 아닙니다. 우리가 지금 여기서 고려하고 있는 논리적 경우의 수에는 포함되지 않는다는 거죠. 게다가 이 투쟁이 항상 노동자계급의 승리로 끝나는 것도 아닙니다. 오히려 임금을 둘러싼 투쟁에서는 자본가계급이 우위를 점하는 경우가 훨씬 많습니다. 마르크스는 이렇게 말합니다. "애덤 스미스가 밝혔듯이[12] 고용주(Meister)는 항상 이런 투쟁의 달인(Meister)이다."[김, 845~846, 강, 845] 노동자들의 저항으로 인해 임금이 오르는 경우가 없지 않지만 그게 쉬운 일은 아니라는 거죠. 어떻든 이런 투쟁의 측면을 제외한다면 논리적으로 자본축적이 진행되는 중에 노동가격이 상승하는 경우는 다음 두 가지입니다.

첫 번째로 노동가격의 상승이 자본축적의 진행을 크게 방해하지 않는 경우를 살펴볼 수 있습니다. 마르크스는 스미스의 말을 인용하는데요.[김, 846; 강, 846] 스미스에 따르면 "이윤이 감소한 경우에도 자본은 증가"합니다. 이 말 자체를 이해하는 것은 어렵지 않습니다. 노동가격이 상승하면 그렇지 않을 때보다 이윤이 상대적으로 줄어들겠지요. 하지만 절대량은 늘어날 겁니다. 그런데 덧붙인 말이 좀 이상합니다. 스미스는 이 경우 자본이 증가할 뿐 아니라 "심지어 이전보다 더 급속하게 증가하기까지 한다"라고 말하고 있습니다. 또 "대자본의 경우 설령 이윤이 작더라도, 이윤이 큰 소자본보다 일반적으로 더 빨리 증대한다"라고도 했습니다.[13] 단순히 이 윤량이 상대적으로는 줄어도(이윤율은 떨어졌어도) 절대적으로 는 늘어났다는 뜻으로만 읽히지 않습니다. 그는 자본의 규모 가 커지면서 오히려 축적에 가속이 붙는다는 식으로 말하고 있습니다.

왜 노동가격의 상승과 함께 이윤이 상대적으로 줄어드는 데도 자본축적에 가속이 붙을까요. 스미스의 말은 이렇습니 다. 새로운 식민지나 새로운 사업 분야가 열릴 경우 자본가들 은 해당 지역이나 분야에서 고용을 늘리고 노동자들에게 상대 적으로 후한 보수를 줍니다. 당시 북아메리카와 서인도 등지 에서 벌인 사업에서 이런 경향이 나타났습니다. 스미스는 돈 은 처음에 조금 버는 것이 어렵지 일단 어느 정도 벌고 나면 "더 많이 버는 것은 쉬운 일"이라고 말합니다.[14] 대자본가들 은 식민지로 진출해 가장 비옥한 토지, 가장 수익이 많이 나는 사업에 먼저 투자할 수 있습니다. 자본이 급속히 축적되겠지 요. 처음에는 수익도 아주 컸을 겁니다. 후한 보수를 지급하더 라도 추가 노동력을 빨리 확보하는 편이 유리했을 겁니다. 새 로운 금광을 발견했으면 돈을 더 주고라도 빨리 인부들을 구 해 금을 캐내는 쪽이 이익인 것과 같지요. 그러다 자본 간 경 쟁이 심해지면서 이윤이 줄어듭니다. 그러나 이윤이 감소하는 와중에도, 새로운 식민지나 새로운 산업 분야에는 자본이 계속 몰려듭니다. 이렇게 투자가 늘어나면 노동도 그만큼 늘어나야 하지요. 이윤이 줄어드는 중에도 한동안 노동에 대한 수요가 늘어나는 겁니다. 이윤이 떨어져도 투자가 몰리면서 자본축적은 가속화되고 임금까지 오르는 현상이 나타납니다.[15]

그러나 언제까지나 이럴 수는 없습니다. 이제 다른 측면에서 검토해봐야 합니다. 임금 상승이 자본축적을 방해하는 경우죠. 노동가격이 상승하면서 자본축적이 완만해지고 이윤에 대한 자극이 크게 줄어드는 경우입니다. 노동가격의 상승이 자본축적을 방해한다고 느끼면 어떤 일이 일어날까요. 자본 투자가 줄어들 겁니다. 자본이 빠져나가겠지요. 이렇게 되면 노동력 부족 사태가 해소됩니다. 자본의 규모에 비해 노동력이 부족하지 않은 상황, 심지어는 노동력이 과잉인 상황이 초래되지요. 자연스레 노동가격이 떨어집니다. 노동력에 대한 수요가 감소하고 노동자들의 생존에 위험신호가 던져지면, 상황에 따라서는 임금 상승이 시작되기 이전 수준에도 못 미치는 정도로까지 임금이 떨어질 수 있습니다.

마르크스는 말합니다. "자본주의적 생산 메커니즘은 자신이 일시적으로 만들어낸 장애물을 스스로 제거한다."[김, 846; 강, 846] 일종의 자동조절장치라고 할까요. 축적 메커니즘 자체가 축적의 방해물을 알아서 제거한다는 겁니다. 임금은 더 이상 오르지 않습니다. 자본가를 위한 '최선의 세팅'이라는 말이 다시 떠오르는 대목이지요.

그런데 이러한 세팅, 이러한 배치를 이해하지 못하는 사람들은 노동가격의 변동이 노동력(혹은 노동인구)의 공급량 변동에 따른 것이라고 생각합니다. 노동가격이 올랐던 것은 노동자가 모자랐기 때문이고, 노동가격이 떨어진 것은 노동자가 너무 많기 때문이라고요. 마르크스에 따르면 '통화학파'(Currency School)가 물가를 바라보는 시각과 같습니다. 물가가 오른 것은 돈이 너무 많이 풀려서 그렇고 물가가 떨어진 것은 돈이 너무 적게 풀려서 그렇다고 보는 것 말입니다.[김, 847; 강, 847]

그러나 실제는 다릅니다. 우리가 검토한 첫 번째 경우 즉 임금 상승이 자본축적을 방해하지 않고 이루어지는 경우, 이때의 임금 상승은 노동력(노동인구) 부족이 만들어낸 게 아닙니다. 노동력 부족이야말로 오히려 그 결과입니다. 다시 말해 자본이 증가하면서 노동력 부족이 나타난 것이지요. 두 번째 경우는 어떨까요. 이 경우에도 노동력(노동인구)의 과잉이 자본을 줄어들게 만든 게 아니라, 자본이 줄어들면서 노동력이 과잉으로 나타난 것이지요. 전반적으로 보아, 임금수준이나 노동력의 양은 원인이라기보다 현상이고 결과입니다. 법칙의 독립변수와 종속변수를 혼동하면 안 됩니다. 마르크스의 말을 옮기면 이렇습니다. "축적 크기가 독립변수이고 임금의 크기가 종속변수이며 그 반대는 아니다."[김, 847; 강, 846]

자본축적과 더불어 임금이 어떻게 변동하는가, 즉 자본축적과 임금률의 관계는 추가자본이 될 잉여가치(불불노동)

와 이 잉여가치가 자본이 되는 데 필요한 추가노동의 관계라고 할 수 있습니다. 조금 복잡하게 들리는 말일 수 있겠습니다만, 잉여가치가 자본이 되려면 노동이 추가로 필요한데 자본이 될 잉여가치의 크기와 공급할 수 있는 추가노동의 크기에 따라 임금이 변동한다는 이야기입니다. 언뜻 생각하면 자본의 크기와 노동력의 크기(노동인구 수)가 각각 독립적으로 존재하고 이것들이 어떻게 변하느냐에 따라 임금이 변동하는 것처럼 여겨질 수 있지만, 사실은 '노동과 노동의 관계' 즉 잉여가치인 불불노동과 추가노동의 관계임을 말하는 겁니다.

게다가 전반적으로 자본주의적 생산양식의 토대가 갖추어지면 노동인구는 크게 변하지 않습니다. 마르크스가 자본축적과 임금률의 문제를 "결국에는 동일한 노동인구의 불불노동과 지불노동 간의 관계"라고 말하는 것은 이 때문입니다. [김, 847; 강, 847] 전체 노동인구 즉 노동자계급이 자본가계급에 제공한 불불노동(잉여가치)의 양이 급속히 늘어나, 지불노동(임금)을 추가해야만 그 불불노동을 자본화할 수 있을 때, 그때 비로소 임금이 오른다고 할 수 있지요. 그렇지만 앞서 검토했던 것처럼 임금이 어느 수준으로 오르고 나면 반격이 시작됩니다. 임금이 오르면 불불노동 즉 잉여가치가 그만큼 줄어들겠지요. 잉여가치가 충분히 생산되지 않는다고 느껴지면, 수입 가운데 자본으로 투자하는 부분을 줄일 겁니다. 임금상승 운동을 저지하는 메커니즘이 작동하는 것이지요.

이렇듯 노동가격의 상승에는 아주 분명한 천장이 있습니

다. '자본주의 체계의 토대'를 건드리면 곤란하지요. 자본의 재생산은 보장해야 합니다. 사실 천장은 생각보다 더 낮습니다. 자본의 '단순재생산'이 아니라 "확대재생산을 보장"하는 수준, 그러니까 자본의 축적을 보장하는 수준에서만 허용되지요.[김, 847~848; 강, 847]

이것이 "하나의 자연법칙으로 신비화된 자본주의적 축적의 법칙"입니다. 법칙의 내용은 간단합니다. 자본주의적 축적은 본성상 자본관계의 재생산(확대재생산)을 위협할 정도로 노동착취도(잉여가치율)가 떨어지거나 노동가격이 오르는 것을 배제한다는 겁니다.[김, 848; 강, 847] 자본의 축적이 어떻게 되느냐에 따라 노동자들의 운명이 규제되는 것이지요. 자본주의에서 노동하는 인간은 자기 운명의 독립변수가 아닙니다. 만약 물질적 부가 노동하는 인간의 발전을 위해 존재하는 사회라면 반대 상황이 펼쳐졌을 겁니다. 인간이 자신의 필요와 욕구에 따라 어떤 것을 어떤 방식으로 얼마만큼 생산할지를 정하겠지요. 그러나 자본주의적 생산양식에서는 독립변수와 종속변수가 거꾸로 섭니다. 인간이 산출한 부, 즉 자본의 축적에 따라 인간의 운명이 규정되지요.

우리가 『자본』 제1장에서 만났던 물구나무선 책상처럼 말입니다. 마르크스는 그때 상품 물신주의를 종교세계에서 일어나는 일에 비유했었지요.[김, 94; 강, 135] 제23장에서도 물구나무선 운명을 말하기 위해 이 비유를 다시 씁니다. "종교에서 인간은 자기 두뇌가 만들어낸 것에 지배받듯이 자본

주의적 생산에서는 자기 손으로 만들어낸 것에 지배를 받는다."[김, 848; 강, 848]

3

자본구성의 변화와
노동자의 축출

과잉 노동인구는
자본관계가 일반화된 후에 나타납니다.
다수의 인구가 노동자가 된 상황에서,
노동인구 일부가 상대적 과잉인구 즉 잉여노동자로
존재하는 것이지요. 말하자면 잉여노동자는
임금노동자와 마찬가지로
노동인구의 실존 양태 중 하나입니다.
임금노동자는 아니지만
임금노동자와 동시대인이라 할 수 있지요.
이들 역시 노동자계급의 운명에
속해 있는 사람들입니다.
다만 이 운명을 임금노동자와는 다른 형태로,
훨씬 가혹한 형태로 살아내야 하는 사람들이지요.
이들은 어떤 기능을 수행하는 것일까요.

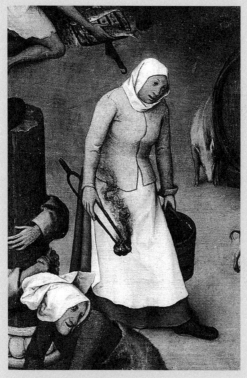

피터르 브뤼헐, 〈네덜란드 속담〉
(부분: "한 손으로 불을, 다른 한 손으로는 물을 나른다"), 1559.
취업 노동자에 대한 착취가 늘어난다는 것은 그만큼 고용이 줄어
산업예비군 곧 잉여노동자가 늘어난다는 이야기다.
한쪽은 일감이 없어 굶어 죽게 만들고 다른 한쪽은 일이 넘쳐 과로로 죽게 만드는 것,
바로 이런 '미친 짓'이 자본가의 이윤을 위해서는 매우 합리적인 선택인 것이다.

지금까지 우리가 검토한 것은 자본구성이 불변인 상태에서 자본축적이 이루어지는 경우였습니다. 이때는 자본이 증가하는 것과 비례해 노동력의 양도 늘어났습니다. 다음으로 검토할 것은 자본구성에 변화가 생기는 경우인데요. 좁혀 말하면 자본축적이 자본구성의 고도화와 함께 진행되는 경우죠.

　○ 자본주의 체계의 일반적 토대가 자리를 잡고 나면 마르크스가 자본구성이 변하지 않는 경우와 자본구성이 변하는 경우로 나눈 것은 언뜻 경우의 수에 따른 것처럼 보입니다. 하지만 잘 살펴보면 그렇지가 않습니다. 즉, 순서에 상관없이 이런 경우를 한 번 검토하고 저런 경우를 한 번 검토하는 식으로 쓴 게 아니라는 말입니다. 그렇다고 몇 세기까지는 자본구성이 불변이었고 몇 세기부터는 자본구성이 변화했다는 식으로 말하려는 건 아닙니다.

　마르크스는 첫 번째 경우, 즉 '자본구성이 변하지 않는 경우'를 설명하면서 15세기 전(全) 기간과 18세기 전반기 상황을 예로 들었는데요. 이는 16세기, 17세기, 18세기 후반은 또 달랐다는 뜻을 함축합니다. 실제 역사에서는 자본구성의 변화가 상대적으로 작은 때도 있고 큰 때도 있을 겁니다. 따라서 마르크스가 자본축적을 분석할 때 자본구성이 불변인 경우를 먼저 다루고 그다음에 변하는 경우를 다루었다고 해서, 실제 역사가 전자에서 후자로 이행했다고 단순화할 수는 없습니다.

나는 마르크스가 실제 역사와는 다른 차원에서 자본구성의 두 가지 경우를 나누어 살핀 것이라고 생각합니다. 역사적 시기 구분이라기보다 자본의 발전 단계에 대한 논리적 구분이라 할 수 있습니다. 말하자면 자본주의가 사회의 지배적 생산양식으로 자리를 잡아가는 단계와 자리를 잡은 이후 단계를 논리적으로 구분한 거죠. 앞 장에서 분석한 대로 자본구성이 불변인 상태에서 자본축적이 이루어지는 경우는 자본주의적 생산양식이 자리를 잡아가는 단계, 사회 전체적으로 자본관계가 일반화되어가는 단계에 해당한다고 할 수 있습니다.

그런데 실제로는 자본주의가 지배적 생산양식으로 확고히 자리를 잡은 뒤에도 자본구성이 그다지 변하지 않는 때가 있을 수 있습니다. 물론 이것은 마르크스가 앞서 분석한 경우와는 다릅니다. 자본구성이 불변이라고는 해도 이미 다수의 인구가 자본관계 안에 포섭된 상황이니까요. 마르크스가 분석한 첫 번째 경우에서는 상당수의 인구가 아직 자본관계 바깥에 있습니다. 점차 자본관계 안으로 포섭되어가는 단계, 점차 노동인구로 재편되고 있는 단계인 것이지요. 첫 번째 경우를 분석하면서 마르크스가 '자본의 축적'을 '프롤레타리아트의 증식'과 동일시한 이유가 여기 있을 겁니다.

이제부터 살펴볼 두 번째 경우는 첫 번째 경우가 야기한 상황을 바탕으로 한 것입니다. 첫 번째 경우가 이미 일어난 상황, 다시 말해 대다수의 인구가 자본관계에 포섭된 상황에서 자본구성이 변하는 경우지요. 말하자면 이런 겁니다. 사회 대다수의 사람이 자본관계 속에 들어감으로써만 생존을 이어갈 수 있는 상황이 만들어진 뒤에, 즉 대다수 사람이 노동자계급의 운명을 갖게 된 상황에서, 자본의 구성이 고도화된다면 어떤 일이 일어날 것인가. 이제부터 우리는 이 문제를 검토할 겁니다.

마르크스도 『자본』 제23장 제1절에서 제2절로 넘어가면서 이 점을 확인해주고 있습니다. "이제까지 우리는 자본의 이 과정[축적과정]의 한 특수한 단계(Phase), 즉 자본의 성장이 자본의 기술적 구성이 동일한 상태에서 일어나는 단계만을 고찰했다. 그러나 이 과정은 그 단계를 넘어서 진행된다." 그러고 나서 덧붙입니다. "자본주의적 체계의 일반적 토대가 일단 주어지면…"[김, 849; 강, 848] 이 표현은 앞서의 논의가 자본주의적 체계의 일반적 토대가 아직 마련되지 않은 상황에 대한 것이며, 이후 이루어질 논의는 토대가 마련된 뒤 일어나는 일에 대한 것임을 시사합니다. 사회 전체적으로 자본관계가 일반화된 이후의 이야기라는 거죠.

자본관계 바깥에 존재하는 사람들이 더 많다면 자본의 구성이 바뀐다 하더라도 자본구성의 변화로 영향을 받는 사람들은 그만큼 적을 겁니다. 하지만 이미 다수의 사람이 자본증식을 위한 인간재료로 존재하고 있다면 자본의 기술적 구성의 변화, 즉 사물의 양(생산수단의 양)과 인간재료의 양(노동력의 양)의 구성이 달라지는 것은 정말로 중요한 문제인 겁니다.

◦ 노동생산성의 증대와 기술적 구성의 변동

자본주의적 생산양식이 자리를 잡고 나면 자본축적 과정의 진행과 더불어 자본구성(기술적 구성)의 변화가 나타납니다. 이 변화는 생산성과 관련이 있습니다. 자본주의의 사회적 토대가 구축된 상황에서 자본축적이 진행되면 "사회적 노동생산성의 발전이 축적의 가장 강력한 지렛대가 되는 지점에 진입하게" 되는 때가 반드시 옵니다.[김, 849; 강, 848]

우리는 노동생산성(노동생산력)이 자본증식(자본축적)과 어떤 관계를 맺는지 알고 있습니다. 『자본』 제4편에서 본 것처럼 노동생산성이 증대하면 잉여가치가 늘어납니다. 특정 기업에서 생산성이 예외적으로 높아지면 해당 자본가는 특별 잉여가치를 얻습니다. 그리고 사회 전반적으로 생산성이 증대하면 자본가들 일반이 상대적 잉여가치를 얻습니다. 이처럼 노동생산성은 노동시간과 더불어 잉여가치 생산량을 좌우하는 기본 요인이라 할 수 있습니다.

그런데 여기 제23장에서 마르크스가 노동생산성 이야기를 꺼내는 이유는 조금 다릅니다. 이전에 제4편에서는 '상대적 잉여가치'의 생산과 관련해서 '노동생산성'이라는 말을 썼습니다. 하지만 지금은 상대적 '과잉 노동인구' 즉 '상대적 잉여노동자'의 생산과 관련해서 이 말을 쓰고 있는 것입니다. 곧이어 살펴보겠지만 이런 존재('과잉 노동인구')는 자본관계가 일반화된 후에 나타났습니다. 다수의 인구가 노동자가 된 상황에서, 노동인구의 일부가 상대적 과잉인구, 즉 잉여노동자로 존재하는 것이지요. 말하자면 잉여노동자는 임금노동자와 마찬가지로 노동인구의 실존 양태 중 하나입니다. 임금노동자는 아니지만 임금노동자와 동시대인이라고 할 수 있지요. 이들 역시 노동자계급의 운명에 속해 있는 사람들입니다. 다만 이 운명을 임금노동자와는 다른 형태로(훨씬 가혹한 형태로) 살아내야 하는 사람들이지요. 이들 존재가 어떻게 생겨나는지 또 어떤 기능을 수행하는지 지금부터 차근차근 살펴보겠습니다.

잉여노동자 즉 상대적 과잉 노동인구에 대한 이야기는 노동생산성에서 시작합니다. 노동생산성이 증대한다는 건 동일 노동량으로 더 많은 생산물을 생산할 수 있다는 뜻입니다. 반대로 말하면 동일한 생산물을 더 적은 노동량으로 생산할 수 있다는 뜻이지요. 매뉴팩처에서는 유기적 분업을 통해, 기계제 대공업에서는 기계를 사용함으로써 생산성을 크게 높였습니다. 노동생산성을 높임으로써 전자는 노동력의 상대적 부족 사태에 대응했고 후자는 노동력의 상대적 과잉 사태를 야기했지요(『자본의 꿈 기계의 꿈』, 117~118쪽).

더 많은 생산물을 생산한다는 것은 더 많은 생산수단을 사용한다는 뜻이기도 합니다(생산성이 생산물의 양적 증대가 아니라 질적 향상으로 나타나는 경우를 제외한다면 말이지요). 노동생산성이 오르면 생산수단의 사용이 늘어납니다(원료 사용량의 증대). 반대로 새로운 생산수단을 사용함으로써 노동생산성이 오르기도 합니다(기계의 도입). 생산수단의 사용이 노동생산성 증대의 결과일 수도 있고 노동생산성 증대를 위한 조건일 수도 있는 것이지요. 그러나 어떤 경우이건 간에 노동생산성 증대는 노동량 대비 생산수단의 사용량 증대로 나타납니다. 뒤집어 말하면 생산수단의 양에 비해 노동량의 사용이 상대적으로 감소한 것으로 나타나지요. "노동과정의 객체적 요소에 비해 주체적 요소의 크기가 감소한 것"으로 표현됩니다.[김, 850; 강, 849]

이처럼 노동생산성의 증대는 자본의 기술적 구성($\frac{M}{n}$)을 변화시킵니다. 생산수단의 양이 노동력의 양보다 상대적으로 커집니다. 이 변화는 자본의 가치구성에도 반영되는데요. 가치구성에서 불변자본(c)의 비중이 가변자본(v)보다 커집니다(이처럼 자본의 '기술적 구성'에서 나타난 변화를 그대로 반영하는 경우의 가치구성을 자본의 '유기적 구성'이라 한다고 앞서 언급해두었지요). 이를테면 처음에는 투자액의 50퍼센트를 생산수단에, 나머지 50퍼센트를 노동력에 썼지만, 점차 투자액의 80퍼센트를 생산수단에, 20퍼센트를 노동력에 쓰는 식입니다.

마르크스는 이런 경향을 하나의 '법칙'(Gesetz)이라 부릅니다. "자본의 가변 부분에 대한 불변 부분의 점진적 증대 법칙은 상품가격에 대한 비교 분석을 통해 어디서나 확인된다. 동일한 나라의 상이한 경제적 시기들을 비교하든 동일한 시기의 상이한 나라들을 비교하든 상관없이 말이다."[김, 850; 강, 849~850] 상품의 가격(가치) 구성을 살펴보면 알 수 있다는 겁니다. 생산수단의 가치를 나타내는 부분은 갈수록 커지

는 반면 노동력의 가치를 나타내는 부분은 갈수록 작아진다는 것이지요.[김, 850; 강, 850]

　　그러나 자본의 가치구성에서 나타난 변화는 기술적 구성에서 나타난 변화를 충실히 보여주지 못합니다. 마르크스도 현실적으로는 그렇지 못하다는 걸 인정했습니다. 불변자본과 가변자본은 생산수단의 양과 노동력의 양, 즉 "자본의 소재적 성분들의 구성에서 나타난 변화를 대강(annähernd) 보여줄 뿐"입니다.[김, 850; 강, 850] 보통은 가치구성에서 나타난 변화의 폭이 기술적 구성의 경우보다 더 작습니다.

　　마르크스는 방적업을 예로 들었는데요. 18세기 초만 해도 불변자본과 가변자본은 비중이 거의 같았습니다. 그런데 19세기 중반이 되면 7:1, 즉 불변자본이 7배나 많습니다. 가치구성이 700퍼센트 늘어난 셈이지요. 그럼 기술적 구성은 어떨까요. 당연히 생산수단의 양이 크게 늘어났지요. 마르크스는 노동량 대비 생산수단의 양은 아마 수백 배는 늘어났을 거라고 말합니다. 가치구성에 비할 바가 아닙니다. 왜 그럴까요. 노동생산성이 증대했기 때문입니다. 노동생산성이 증대하면 동일 노동량 대비 생산수단의 사용량이 늘어나는 데다 생산수단을 생산하는 분야에서도 노동생산성이 증대했기에 생산수단의 가치가 크게 떨어집니다. 동일한 자본으로 훨씬 더 많은 생산수단을 동원할 수가 있지요. 그래서 가치구성에 나타난 변화(불변자본과 가변자본의 차이)보다 실제 기술적 구성의 변화(생산수단의 양과 노동량의 차이)가 훨씬 크다고 생각

해야 합니다.[김, 850~851; 강, 850]

물론 이것은 상대적 비중에 대한 이야기입니다. 자본축적이 계속되면 자본의 규모 자체가 크기 때문에 가변자본의 절대적 크기는 늘어날 수 있습니다. 이를테면 불변자본과 가변자본의 비중이 '1:1'에서 '7:1'로 바뀌었다고 해도, 다시 말해 가변자본의 상대적 비중이 ½에서 ⅛로 크게 줄어들었다고 해도 가변자본의 절대적 크기는 증가할 수 있지요. 만약 1000파운드스털링이었던 자본이 축적을 거듭해서 8000파운드스털링까지 늘어났다면, 가변자본은 500파운드스털링(1000×½)에서 1000파운드스털링(8000×⅛)으로 늘어납니다. 노동력의 가치가 그대로라면 고용이 2배 늘어날 수 있지요.

그러나 노동에 대한 수요가 2배 늘어나는 동안 전체 자본은 8배나 늘어났다는 점에 주목해야 합니다. 바꾸어 말하면 자본이 8배가 늘어나는 동안 고용은 2배밖에 늘지 않았지요. 예전의 가치구성(유기적 구성)에서는 고용을 2배로 늘리기 위해 처음 자본만큼 더 투자하면 되었지만(전체 2000파운드스털링), 새로운 가치구성에서는 노동력이 1000파운드스털링으로 과거에 비해 2배 늘었으나 전체 자본은 2배가 아니라 8배로 늘어났습니다. 예전의 구성이었다면 2000파운드스털링으로 할 수 있었을 일을 새로운 구성에서는 8000파운드스털링으로 한 것이지요. 그만큼 자본의 고용 유발 효과는 떨어진 겁니다. 예전만큼의 투자로는 절대 예전만큼의 고용을 창출할 수가 없다는 이야기입니다(『자본의 꿈 기계의 꿈』, 139~140쪽).

∘ 거대한 노동생산력을 발휘하는 데 필요한 것

노동생산성이 사회적 차원에서 증대하려면 사실 어느 정도의 자본이 미리 축적되어 있어야 합니다. 이 점은 『자본』 제4편을 다룰 때 이미 확인한 바 있습니다. 자본주의적 생산양식에서 발휘되는 거대한 노동생산력들은 모두 일정 규모의 돈을 필요로 합니다.

자본주의적 생산의 최초 형태인 매뉴팩처만 하더라도 그렇습니다. 매뉴팩처에서 노동생산력의 비밀은 다수 노동자를 효과적으로 조직한 데 있습니다. 전체 공정을 마치 한 사람의 거인노동자가 일하는 것처럼 유기적으로 만들었을 때 거대한 생산력이 발휘됩니다. 그러나 이를 위해서는 다수의 노동자를 고용할 수 있으면서, 이들이 사용할 생산수단을 제공할 수 있어야 합니다(『거인으로 일하고 난쟁이로 지불받다』, 64쪽).

노동의 사회적 생산력을 높이는 또 다른 방법은 효과적인 노동수단을 사용하는 것인데요. 이를테면 기계 장치를 사용하는 겁니다. 기계를 사용하면 거대한 자연력을 효과적으로 이용할 수 있습니다. 또 과학기술을 이용해서 생산과정을 크게 바꿀 수도 있지요. '인간적 한계'에 매일 필요가 없습니다. 인간적인 사회적 노동을 기계적인 사회적 노동으로 대체함으로써 노동의 사회적 생산력이 크게 높아지지요(『자본의 꿈 기계의 꿈』, 46쪽). 그러나 이런 시스템을 갖추려면 돈이 듭니다.

요컨대 자본주의적 생산에서 노동생산력을 높이기 위해

서는 처음부터 자본가에게 돈이 좀 있어야 합니다. 본인이 직접 생산하거나 한두 사람의 직공을 두고 일하는 과거의 수공업자와 근대의 자본가는 다르지요. 자본가는 이 돈을 처음에 어떻게 마련했을까요. 자본주의 '특유의'(spezifisch) 생산방식이 작동하기 위해서는 처음의 축적, 그러니까 자본주의적 생산(확대재생산)의 결과로서의 자본축적이 아니라 자본주의적 생산을 가능케 한 '역사적 토대'로서의 자본축적이 필요합니다. 일반적 자본축적과 대비해서 마르크스가 '본원적 축적'(이른바 '시초축적', ursprüngliche Akkumulation)이라고 부르는 것이지요. 지금 여기서 이것을 다룰 필요는 없습니다. 여러 차례 예고한 것처럼 이것은 우리 시리즈 마지막 권의 주제입니다. 마르크스는 그저 자본축적의 출발점으로서 본원적 축적을 확인만 해두자고 말합니다.[김, 852; 강, 851]

일단 본원적 축적을 전제한다면 우리는 노동의 사회적 생산력도 어느 정도 전제할 수 있습니다. 그다음부터는 상호상승작용이 일어납니다. 노동생산력이 증대하면 잉여가치가 증대합니다. 이 잉여가치는 추가자본으로 전화되겠지요. 자본축적이 늘어나는 겁니다. 그런데 자본규모가 커지면 노동생산력을 더 키울 수 있습니다. 자본축적이 자본주의 특유의 생산방식을 발전시키고, 또 이 생산방식이 다시 자본축적을 가속하는 겁니다.[김, 852; 강, 851]

그렇다면 자본의 기술적 구성은 어떻게 될까요. 이것이 지금 우리의 관심사죠. 앞서 본 바와 같습니다. 노동생산력의 증대는 기술적 구성의 고도화와 맞물려 돌아갑니다. 누진적인 상호 상승작용은 "자본의 기술적 구성을 변동시키고 이에 따라 가변성분은 불변성분에 비해 점점 더 작아"지겠지요. [김, 852; 강, 852]

◦ 자본의 '축적'과 '집적' 그리고 자본의 '집중'

자본의 축적을 기술적 구성이라는 점에서 보면 자본가들의 수중에 더 많은 생산수단이 집적되고, 더 큰 '노동자부대'에 대한 지휘권이 생기는 겁니다.[김, 852; 강, 852] 이것은 사회적으로도 그렇고 개별적으로도 그렇습니다. 사실 사회적 자본의 증대는 개별 자본들이 증대한 결과입니다. 개별 자본마다 이런저런 크기의 생산수단이 집적되어 있고 이런저런 크기의 노동자부대를 거느리고 있지요.

개별 자본이 커졌다는 것은 두 가지를 의미할 수 있습니다. 개별 자본 자체의 크기가 커졌다는 뜻일 수도 있고, 자본가들의 수가 늘어났다는 뜻일 수도 있지요. 이 둘은 얼마든지 함께 일어날 수 있습니다. 처음 자본이 덩치가 커지면 여럿으로 나뉘는 경우가 많습니다. 특히 자녀 세대로 넘어가면서 "자본가 가족 내의 재산 분할"이 일어날 때 그렇지요. 자본가 가족 내 재산 분할은 자본가의 수를 늘리는 데 큰 역할을 합니다.[김, 853; 강, 852] 한국의 재벌인 삼성그룹을 예로 들자면 창업주 자녀들이 재산을 분할해 독립함으로써 나중에 CJ그룹, 신세계그룹으로 발전했습니다. 이제 3세대, 4세대에서 또

재산 분할과 자본 독립이 일어나겠지요. 이런 식으로 자본가들이 늘어납니다. 물론 새로운 사업 분야가 열리면 창업에 성공한 새로운 자본가들이 대거 나타나기도 하지요.

그렇다면 개별 자본가는 얼마나 많은 생산수단을 차지하고 얼마나 큰 노동자부대를 지휘할 수 있을까요. 그것은 사회적 총자본에서 해당 자본이 어느 정도의 비중을 차지하느냐에 달려 있습니다. 그 비중만큼의 생산수단과 노동자부대에 대한 지휘권을 차지할 겁니다. 그가 얼마나 많은 자본을 '축적'했느냐에 따라 그에게 얼마나 많은 생산수단과 노동자가 '집적'되느냐가 결정됩니다.

나는 마르크스가 쓴 용어를 최대한 살리려고 하는데요. 마르크스는 여기서 '집적'(Konzentration)이라는 새로운 용어를 쓰고 있습니다. 생산수단과 노동량이 개별 자본가의 수중에 모이는 것을 지칭하는 말입니다. 축적이 '쌓는' 것이라면 집적은 '모으는' 것이지요. 하지만 둘의 의미상 차이는 거의 없습니다. 굳이 따지자면 자본의 경우에는 과거의 산물에 현재의 산물을 더하는, 일종의 시간적 누적의 의미가 있기 때문에 '축적'이라는 용어가 적절해 보이고, 생산수단의 경우는 그해에 나와 있는 생산수단의 총량 중 누가 얼마를 차지하는가, 누구에게 얼마만큼의 양이 모이는가의 문제이기 때문에 '집적'이라는 말이 적합해 보이기는 합니다. 하지만 개별 자본에 집적된 생산수단과 노동력의 양이 해당 자본의 크기 즉 축적의 크기이고, 또 축적의 크기에 따라 사회적으로 생산된 생산수단과 노동력의 양의 집적 규모가 정해집니다. 이런 점에서 집적은 축적이고 축적은 집적이기도 한 겁니다. 마르크스의 말을 빌리자면 이 경우 집적은 "직접적으로 축적에서 나온 것"이거나 "축적과 동일한 것"입니다.[김, 853; 강, 852]

그런데 축적과 집적이 별 차이가 없는 말이라면 마르크스는 왜 굳이 '집적'이라는 말을 쓰는 걸까요. 본문을 읽어보면 마르크스가 이 말에 상당히 신경을 쓰고 있다는 걸 알 수 있습니다. 축적이라는 말의 의미를 더 선명하게 만들기 위해 말의 세공술을 발휘한다고 할까요. 그 이유는 바로 뒤에 나옵니다. 개별 자본의 경우 자본의 증대가 축적, 그러니까 우리가 집적으로 이해하는 의미에서의 축적과는 다른 방식으로 이루어지는 경우가 있습니다.

바로 '집중'(Zentralisation)이라고 하는 것입니다. 자본의 집중은 자본의 '축적 내지 집적'과 아주 다릅니다.[김, 854; 강, 853] 축적은 우리가 지금까지 본 바와 같습니다. 노동자들로 하여금 잉여가치를 생산하게 하고 이 잉여가치를 자본으로 전환시켜 자본을 키워가지요. 반면 집중은 "자본가가 자본가를 수탈"하는 것입니다. 한 자본이 다른 자본을 약탈하거나 흡수함으로써 덩치를 키우는 것이지요. "다수의 소자본을 소수의 대자본으로" 만드는 겁니다.[김, 853; 강, 853]

마르크스는 여기서도 법칙이라는 말을 씁니다. '자본집중의 법칙' 혹은 '자본에 의한 자본의 흡수(Attraktion) 법칙'이라고요.[김, 854; 강, 853] 축적이 계속 진행되다 보면 어느 시점에 집중이 나타날 수밖에 없습니다. 개별 자본들은 축적과정에서 두 가지 제약에 부딪히거든요. 우선, 전체적으로 부과되는 제약이 있습니다. 개별 자본에 "사회적 생산수단이 집적되는 정도는, 다른 조건이 불변일 경우, 사회적 부의 증대 수준에 의해 제한"됩니다. 전체 부가 늘어나는 정도를 넘어서서 자신의 부를 늘릴 수는 없습니다. 다음으로, 개별 자본들이 서로를 제약합니다. 각 산업부문마다 경쟁하는 일정 수의 자본가들이 있는데요. 이들은 서로 독립적인 생산자들입니다. 이들의 수가 늘어나고 자본의 덩치가 커지면, 특히 시장이 포화상태에 가까워지면 경쟁은 금세 적대로 돌변합니다. 상대방을 제거하지 않으면 자신이 더 클 수 없다는 걸 느끼지요. 서로에 대해 반발이 커집니다. 그런데 그럴수록 서로를 당기는 힘도 커집니다. 서로 합치거나 먹어치우거나 해서 하나가 되는 겁니다.[김, 853; 강, 852~853]

집중을 통해 개별 자본은 축적의 두 가지 제한에서 어느 정도 벗어날 수 있습니다. 사회적 부의 증대와 상관없이 덩치를 키울 수 있고(사회 전체의 부가 늘지 않아도 개별 자본은 얼마든지 커질 수 있습니다), 다수의 개별 자본이 가하는 제약도 넘어설 수가 있습니다. "자본이 한 사람의 수중에서 크게 팽창했다는 것은 그것이 많은 사람의 수중에서 그만큼 소멸했다"라는 뜻이니까요.[김, 854; 강, 853]

사실 자본의 집중에 대한 이야기는 『자본』 I권의 범위를 벗어납니다. 『자본』 I권은 자본(가치)의 생산을 다루기 때문에 자본의 증가(성장)를 다루더라도 가치(잉여가치)의 생산을 통해서만 설명합니다. 자본은 잉여가치를 생산하고 이것을 자본으로 전화함으로써 자신의 몸집을 불립니다. 자본의 확대재생산 즉 축적이 자본의 성장을 설명하는 기본 원리입니다. 그런데 자본의 집중은 기존 자본들 간의 분배가 바뀌는 것입니다. 축적이 아니라 자본 간 분배를 통해 자본이 커지는 것이지요. 이러한 분배는 『자본』 III권의 주제입니다(크게 보아 『자본』 I권은 자본의 생산을, II권은 자본의 유통을, III권은 자본의 분배를 다룹니다). 따라서 논의 전개상 이곳은 자본의 집중을 다루기에 적합한 장소가 아닙니다. 마르크스도 여기서는 자본의 집중을 논할 수 없고 "다만 사실을 간단히 스케치하는 데 만족"해야 한다고 말하고 있습니다.[김, 854; 강, 853]

자본축적의 원리만 설명하려고 했다면 굳이 여기서 자본의 집중까지 다룰 필요는 없을 겁니다. 하지만 우리가 지금 이야기하고 있는 이번 책의 주제는 '노동자계급의 운명'입니다. 좁혀 말한다면 자본구성(기술적 구성)의 변화가 노동자계급에 미치는 영향을 살피고 있지요. 그런데 자본축적의 진행은 자본구성의 고도화 경향을 낳습니다. 자본가들은 잉여가치 생산을 늘리기 위해 노동생산성을 높이는데요(특별잉여가치와 상대적 잉여가치의 생산). 자본의 규모가 크면 생산성을 높이는 데 유리합니다. 많은 노동력을 '함께' 운용할 때 얻는 이점도 있고, 성능이 좋은 거대 기계 시스템을 갖출 수도 있겠지요. 그런데 자본의 덩치를 키우는 데 큰 역할을 하는 게 바로 '자본의 집중'입니다. 아주 빠른 속도로 자본의 덩치를 키워주거든요. 그만큼 기술적 구성(결과적으로 노동자계급의 운명)을 빨리, 크게 바꾸어놓습니다. 따라서 상세한 메커니즘까지 밝힐 필요는 없지만 마르크스가 여기서, 기술적 구성의 고도화를 말하면서 자본의 집중을 언급하지 않을 수는 없는 것이지요.

  ◦ '자본의 집중'을 가능케 하는 두 개의 지렛대
자본집중의 "가장 강력한 두 개의 지렛대"는 '경쟁'(Konkurrenz)과 '신용'(Kredit)입니다.[김, 854; 강, 854] 먼저 경쟁에 대해 말해보죠. 개별 자본가들의 경쟁은 무엇보다 상품가격을 둘러싸고 벌어집니다. 상품가치를 낮추는 자본가가 경쟁에서 유리합니다. 그러려면 노동생산성이 높아야 하고요. 그런데 노동생산성은 대체로 생산규모에 의존합니다. 자본의 덩치가 클수록 유리하다는 이야기죠. 별도의 외적 규제가 없다면 작은 자본이 큰 자본을 당해내기란 결코 쉽지 않습니다.

  이뿐 아니라 자본주의적 생산양식이 발전하면 사업을 시작하는 데 필요한 초기자본의 규모가 커집니다. 진입의 문턱이 높아지는 것이지요. 소 몇 마리 팔거나 논 몇 마지기 팔아서 사업 자금을 마련할 수 있는 시대가 아닌 겁니다. 대개의 경우 소규모 자본들은 대자본가들이 진출하지 않았거나 완전히 장악하지 못한 영역으로 몰리는데요. "경쟁의 정도는 경쟁하는 자본의 수에 정비례하고 그 크기에 반비례"하는 법이죠. [김, 854; 강, 853~854] 자본은 소규모인데 수가 많을 경우 경쟁이 격렬하다는 뜻입니다. 별도의 규제가 없는 한 경쟁의 결과는 뻔합니다. "늘 다수의 소자본가가 몰락하는 것으로 끝" 납니다. 이들 소자본가의 자본은 "일부는 승리자의 손으로 넘어가고(übergehen) 일부는 몰락(untergehen)"합니다.[김, 854; 강, 854]

자본주의적 생산이 발전하면 "완전히 새로운 하나의 힘"이 출현하는데요. 은행, 주식, 채권 등의 신용제도(Kreditwesen)입니다. 마르크스의 표현이 재밌습니다. "신용제도는 처음에는 축적의 겸손한 조수로 슬그머니 들어와, 사회의 표면에 흩어져 있는 크고 작은 돈들을 보이지 않는 실을 통해 개별 자본가나 연합 자본가들의 손에 끌어당겨주지만, 곧이어 경쟁의 전투에서 새로운 무서운 무기가 되며 결국에는 자본집중을 위한 거대한 사회적 메커니즘으로 전환된다."[김, 854; 강, 854]

사업하는 사람들은 돈을 '끌어 쓴다' 혹은 '당겨쓴다'라는 말을 많이 하죠. 마치 돈을 자기 쪽으로 당기는 '보이지 않는 실'이라도 있는 것처럼 말합니다(마르크스는 '보이지 않는 실' 비유를 참 좋아하는 것 같습니다.『자본의 꿈 기계의 꿈』, 158쪽과 『자본의 재생산』, 81쪽). 마르크스에 따르면 신용제도가 바로 자본가가 돈을 당겨쓸 때 이용하는 '보이지 않는 실'입니다. 처음에 신용제도는 필요한 돈을 빌려주고 이자를 받는, 사업의 조력자 내지 자본가의 조수 정도였지요. 하지만 신용제도가 발전하면서 관계의 역전이 일어납니다. 자본가 개인이 소유한 자본, 그가 직접 투자한 자본보다 그에게 투자된 자본이 훨씬 더 커지니까요. 압도적으로 큰 부분이 자본가 개인의 돈이 아니라 은행이나 주식시장 등을 통해 끌어들인 돈, 다시 말해 그에게 투자된 돈입니다. 신용제도 덕분에 자본은 덩치를 매우 빨리, 매우 큰 규모로 확대할 수 있습니다.

자본주의가 발전하면 이렇게 자본의 덩치를 빨리 크게 키울 수 있는 여건도 만들어지고 그런 욕구도 커집니다. 일단 축적이 어느 정도 진행되면 사회 곳곳에 돈이 생겨납니다. 자본집중의 소재가 될 개별 자본들, 그러니까 나중에 큰 뭉치가 될 작은 뭉치들이 생겨나는 것이지요. 이런 상황에서 점점 대형 사업, 이를테면 철도나 도로, 항만 건설 같은 대형 사업의 필요성이 생겨나고 또 그것을 실현할 수 있는 과학 기술적 수단도 나타납니다.[김, 854~855; 강, 854]

필요(욕구)도 있고 기술도 있으니 생산을 위해서는 자본만 있으면 됩니다. 문제는 규모가 너무 큰 사업들은 개별 자본으로는 감당이 안 된다는 거죠. 이때 자본을 신속하게 대규모로 키우는 길이 바로 자본집중입니다. 신용제도는 그것을 가능케 하는 수단이고요. 축적과 달리 집중은 사회적 부의 증대에 의존하지 않습니다. 사회적 자본을 '양적으로 재편성'하는 일이니까요. 다수의 수중에 있던 자본들을 소수의 수중으로 옮기는 것일 뿐입니다. 집중은 "어떤 산업부문에서 거기 투자된 모든 자본이 하나의 개별 자본으로 융합될 때 최대치에 이를" 겁니다. 1명의 개별 자본가나 하나의 자본가그룹(Kapitalistengesellschaft), 즉 하나의 회사가 자본을 독차지하고 독점적 지위를 누리는 것이지요.[김, 855; 강, 854~855]

마르크스의 말은 얼마 지나지 않아 현실이 되었습니다. 1890년 『자본』 4판을 펴내며 엥겔스는 영국과 미국에 나타난 '트러스트'(Trusts)에 대한 주석을 달았습니다. "한 사업부문의 대기업들 모두를 실질적 독점권을 가진 하나의 대형 주식회사로 통합함으로써 벌써 이 목표를 향해 매진하고 있다"라고요.[김, 855, 각주 10; 강, 855, 각주 77b] 19세기 말에 서구 자본주의 국가들에서 이런 자본집중이 나타났지요.

1910년 『금융자본』을 펴낸 루돌프 힐퍼딩(Rudolf Hilferding)은 서문에 이렇게 썼습니다. "'현대' 자본주의를 특징짓는 것은 집중화의 진행(Konzentrationsvorgänge)이다."[16] 힐퍼딩은 마르크스가 말한 것을 잘 알고 있었고 실제로 다양한 형태의 자본집중이 나타나고 있음을 확인했습니다. 물론 그가 마르크스의 이론을 단순히 확인하기만 한 것은 아닙니다. 그는 이 경향이 "한편으로는 마르크스의 집중 이론을 확인해주지만 다른 한편으로는 마르크스의 가치이론을 붕괴시키는 것처럼 보인다"라고 했습니다.[17] 가치법칙은 자유로운 경쟁을 통해 관철되지만 트러스트나 카르텔 같은 독점적 기업결합체의 등장은 시장을 경쟁이 부재한 상황으로 몰고 가니까요.

힐퍼딩은 자본집중 내지 자본결합의 경향이 불가피한 역사적 과정이며, 자본주의가 발전할수록 모든 산업부문에서 이런 조건이 형성된다고 했습니다.[18] 한쪽 부문에서 카르텔화가 형성되면 다른 쪽에서도 그 방향으로 갈 수밖에 없다고요. 이를테면 철강 산업에 원료(철광석)를 공급하는 광산업자들이 카르텔화해 자신들의 이윤을 확보하면, 철강업자들도 여기에 대응하기 위해 카르텔을 형성할 수밖에 없습니다(수평적 결합). 아니면 아예 원료를 공급하는 광산업체와 합병하는 식으로 대응해야지요(수직적 결합). 배달앱 시장의 1위, 2위 업체가 합병함으로써 시장에 대한 독점적 지배력을 획득하는 것이 전자라면, 영화 배급사가 제작사까지 거느리는 것이 후자에 해당합니다.

힐퍼딩은 "카르텔화에는 절대적 한계가 없다"라고 했습니다.[19] 카르텔화한 산업은 이윤율이 높지만 그렇지 않은 산업은 이윤율이 떨어지며 결국 카르텔에 합병될 것이고, 궁극적으로는 산업 전체를 지배하는 '총카르텔'(Generalkartell)이 형성될 것이라고 했지요.[20] 글쎄요, 일종의 '자본의 공산주의' 내지 '공산적 자본주의'라고 할 수 있을까요. 힐퍼딩에 따르면 총카르텔이 구축되면 생산의 무정부성은 사라지고, 카르텔의 거물들 즉 대자본가들이 모여 생산과 분배를 결정하는 사회가 됩니다. 의식적으로 통제되는 자본주의가 되는 거죠. 하지만 자본주의인 한에서 계급 간 적대는 남습니다. 분배를 둘러싸고 계급투쟁이 벌어지죠.

힐퍼딩이 이 책에서 다룬 여러 주제 가운데서 나는 자본집중의 경향에 대해서만 여기서 소개했는데요. 아무래도 자본주의 발전 경로를 그가 지나치게 단순화했다는 느낌을 지울 수 없습니다. 하지만 자본집중의 경향은 현실적으로 존재하고, 총카르텔까지는 아니라도 외적 규제가 약하거나 없을 때는 언제든 독점적 기업결합체가 출현하는 것은 사실입니다.

여기서 이 이야기를 더 끌고 갈 생각은 없습니다. 본래 하던 이야기에서 이미 너무 많이 벗어났으니까요. 마르크스가 자본집중이라는 주제를 통해 하고자 했던 말은 이겁니다. 즉 자본은 축적을 통해 성장하지만 축적을 통해서만 성장하는 것은 아닙니다. 집중을 통해 자본은 훨씬 빠른 속도로, 훨씬 큰 규모로 성장합니다. 그런데 우리는 자본의 성장과 함께 자본의 구성, 더 좁혀 말하면 자본의 기술적 구성이 크게 변한다는 걸 알고 있습니다. 자본이 집중을 통해 훨씬 빠른 속도로, 훨씬 큰 규모로 성장한다면 그만큼 자본의 집중은 자본의 기술적 구성을 빠른 속도로, 큰 규모로 바꾸어놓는다고도 말할 수 있을 겁니다. 자본의 집중은 이 점에서 중요한 겁니다.

◦ 자본의 축적에 따른 노동의 절약
—임금노동자가 되지 못한 노동인구

마르크스가 『자본』 제23장에서 자본의 집중을 간략하게나마 다룬 것은 그 집중이 자본의 규모를 비약적으로 키우기 때문이고, 이것이 자본의 기술적 구성을 변동시키기 때문이며, 이로 인해 노동자계급의 운명이 큰 영향을 받기 때문입니다. 그래서 우리는 이번 책에서 자본의 집중(그리고 그 수단으로서 신용제도) 자체에 관심을 두지 않습니다. 자본집중이 "합병

(Annexion)이라는 폭력적인 방식으로 이루어지든… 주식회사의 형성이라는 부드러운 방식으로 이루어지든" 아무런 상관이 없습니다. "경제적 효과는 동일"하니까요. 대규모화된 자본은 "총노동의 포괄적 조직화를 위한 출발점"이 됩니다. 개별적으로 흩어져 있던 생산과정을 "사회적으로 결합시키고 과학적으로 배치"하는 것이지요.[김, 855~856; 강, 856]

노동을 광범위하게, 효과적으로 조직한다는 것은 그만큼 노동을 절약한다는 뜻입니다. 노동에 대한 수요를 상대적으로 감소시키지요. 자본의 점진적 축적을 통해서도 이런 경향이 나타납니다. 하지만 축적은 집중에 비할 바가 아닙니다. "만약 세계가 축적을 통해 개별 자본들이 철도를 건설할 수 있을 만한 규모가 될 때까지 기다려야 했다면 세계에는 아직 철도가 건설되지 않았을 것이다."[김, 856; 강, 855] 개별 자본을 축적해서는 도달할 수 없는 규모의 자본을 집중을 통해 만들어낸 겁니다. 주식(신용제도)을 통해 사회에 흩어져 있던 자본을 하룻밤 사이에 만들어냈지요.

그러나 오해하지 말아야 합니다. 사실은 "하룻밤 사이에 용접된 자본덩어리"도 여느 자본과 똑같은 자본입니다. 집적한 것이든 집중한 것이든, 자본은 자본으로서 운동합니다. 잉여가치를 생산하고 스스로를 늘려가지요. 지금까지 축적(집적)과 집중을 구분해서 봤습니다만 원리상 그렇다는 것이고 실제로는 축적된 자본과 집중된 자본이 따로 존재하지 않습니다. 축적 운동은 계속 진행되고 있으며, 이따금 집중을 통해 그 덩치가 비약적으로 커지는 일이 생기는 것이지요. 따라서 집중은 축적의 용수철 내지 지렛대 역할을 한다고 말하는 편이 옳을 겁니다.[김, 856; 강, 856]

축적이 진행되면 추가자본은 최신의 '산업적 개량'이 반영된 생산수단, 이를테면 최신 기계를 도입하는 데 이용될 겁니다. 그만큼 생산성 향상이 일어나겠지요. 하지만 일정 시점이 지나면 예전에 축적된 자본도 생산수단을 교체해야만 합니다. 그러니 그때는 새로운 생산수단을 구입하겠지요. 자본은 나이 들지 않습니다. 예전에 축적된 자본도 새로운 생산수단을 이용하는 순간 추가자본만큼이나 젊은 심장을 가지고 운동을 합니다. 말 그대로 "머리부터 발끝까지 다시 태어나는" 겁니다.[김, 856; 강, 856] 이렇게 되면 새로 추가된 자본만이 아니라 예전 자본까지 용수철 신발을 신은 듯 생산성이 크게 높아집니다. 지난 책에서 말한 자본의 팽창 능력이 이것이지요(『자본의 재생산』, 153쪽).

노동생산성의 비약적 증대는 앞서 말한 것처럼 기술적 구성을 크게 변화시킵니다. 훨씬 더 많은 기계와 원료를 훨씬 더 적은 노동으로 처리할 수 있게 되지요. 그리고 이런 일은 "이 갱신과정을 통과하는 자본이 집중 운동에 의해 미리 대량으로 집중되어 있으면 있을수록 당연히 그만큼 더 커"질 수밖에 없지요.[김, 857; 강, 856]

그럼 노동자들은 어떻게 될까요. 이미 노동인구로 편성된 다수의 사람들은 어떻게 될까요. 새로 추가되는 자본은

'산업적 개량' 때문에 노동자를 점점 더 적게 흡수합니다. 이는 추가자본은 이전만큼의 고용 효과를 갖지 않는다는 뜻입니다. 그런데 여기에 예전의 자본까지 새로운 자본으로 갱신됩니다. 새로운 자본만이 아니라 예전의 자본도 기술적 구성이 바뀌는 것이지요. 이것은 추가자본의 경우와는 또 다른 이야기입니다. 추가자본의 경우에는 자본 크기에 비해 예전만큼 고용할 수는 없다는 뜻이지만, 예전 자본의 갱신으로 나타난 효과는 현재 고용되어 있는 노동자들까지 불필요한 존재가 된다는 뜻입니다. 전자가 추가로 고용할 사람이 많지 않다는 것이라면 후자는 지금 일하고 있는 사람이 나가야 한다는 뜻입니다.

노동인구의 상당수는 고용되지 않는 노동인구, 임금노동자가 되지 못하는 노동인구로 남습니다. 게다가 자본의 구성이 바뀌면서 공장에서는 노동자들을 계속해서 토해냅니다. 공장이 상대적 잉여가치를 생산하면서 잉여노동자 즉 상대적 과잉인구 또한 생산하는 것이지요. 노동력을 팔지 않고서는 살길이 없는 사람들인데, 그 노동력이 팔리지 않는 사람들 말입니다. 이들 고용되지 않은 노동인구, 상대적 과잉 노동인구의 비참한 운명에 대해서는 다음 절에서 이야기를 이어가겠습니다.

○ 자본구성의 변동은 부르주아지의 운명도 재촉한다

그렇지만 자본구성의 변화가 꼭 노동자계급의 비참한 운명만

예고하는 것은 아니라는 점을 언급해두고자 합니다. 『자본』 III권에서 마르크스는 사회 전체적으로 자본의 유기적 구성이 고도화되면(자본의 유기적 구성은 기술적 구성을 가치구성으로 표현한 것이지요), 자본의 이윤율이 경향적으로 저하한다는 법칙을 내놓습니다.[21] 몇몇 분야가 아니라 사회의 거의 모든 생산 분야에서 유기적 구성이 높아진다면 총자본의 이윤율은 떨어질 거라는 이야기입니다.

『자본』 III권에서 다룰 내용을 여기서 자세히 다룰 필요는 없겠습니다만, 지금까지 우리가 알고 있는 내용만으로도 이 법칙 자체를 이해하는 것은 어렵지 않습니다. 이윤율(p)은 투자액($C+V$) 대비 이윤량(s)으로 나타냅니다. 분모와 분자를 가변자본(V)으로 나눠보면 다음과 같이 변형시킬 수 있지요.

$$p = \frac{s}{C+V} = \frac{\dfrac{s}{V}}{\dfrac{C}{V}+1}$$

이 정식의 분모를 볼까요. 자본의 유기적 구성($\frac{C}{V}$)을 나타내는 항이 거기 들어 있습니다. 마르크스가 말한 '이윤율의 경향적 저하 법칙'의 내용 자체는 아주 단순하고 자명한 것입니다. 분자에 있는 잉여가치율(노동착취도)($\frac{s}{V}$)이 일정하다고 할 때, 분모에 있는 자본의 유기적 구성 값($\frac{C}{V}$)이 커지면 이윤율(p)은 떨어질 수밖에 없습니다. 분자가 일정할 때 분모가 커지면 분수 값이 작아지는 건 당연한 이야기지요. 문제는 현실적으로 이 법칙의 조건들이 충족되느냐 하는 건데요. 마르크스는 이러한 경향을 상쇄하는 몇 가지 요인(노동착취도 증대, 노동력 가치 이하로의 임금 인하, 불변자본 요소들의 저렴화, 상대적 과잉인구, 대외무역, 주식자본의 증가 등[22])이 있다고 했습니다. 반드시 관철되는 법칙은 아니라는 거죠.

그러나 유기적 구성의 고도화는 노동자계급의 미래만큼이나 자본가계급의 미래에 대해서도 불길한 조짐인 것은 사실입니다. 먹구름이 모여든다고 반드시 천둥이 치는 것은 아니지만 그럴 조짐이 보인다고는 할 수 있지요. 자본축적과 더불어 자본의 유기적 구성이 고도화되는 경향이 있다는 것은 자본에게 자신의 죽음을 향해 달려가는 경향이 있다는 뜻입니다.

처음에 자본은 노동인구의 형성, 노동자계급의 형성에 주력했습니다. 노동하는 빈민이야말로 자본가가 부를 캐내는 보물광산이었으니까요. 그러다가 자본은 더 많은 부를 캐내는 과정에서 '노동하지 않는 노동인구'(상대적 과잉 노동인구)를 양산합니다. 더 많은 부를 얻기 위해 광산을 더욱 파고들면서 흙더미와 함께 잉여노동자 더미를 밖으로 쏟아내는 겁니다. 자본가들은 경쟁적으로 땅을 팝니다. 자신들이 딛고 선 바닥이 무너지는 것도 모르고 말이지요.

젊은 시절 마르크스와 엥겔스는 부르주아지의 운명을 이렇게 저주했습니다. "대공업의 발전과 더불어 부르주아지가 생산하며 생산물을 전유하는 그 토대 자체가 부르주아지 발밑에서 무너져간다. 부르주아지는 무엇보다 자기 자신의 매장인을 만들어낸다."[23] 나는 지금 이 말이 떠오릅니다. 땅은 깊이 파였고 흙더미와 함께 잉여인간들, 잉여노동자들이 구덩이 바깥에 쌓여 있습니다. 그러다가 갑자기 바닥이 꺼지면서 생산을 지휘하던 부르주아지가 구덩이 안으로 굴러 떨어집니다. 구덩이 바깥에는 그를 매장할 매장인과 매장용 흙이 준비되어 있습니다. 그것을 준비한 것은 부르주아지 자신입니다. 스스로 그런 운명을 재촉한 것이지요.

4

자본주의 시대의 인구법칙과
잉여노동자

언뜻 보면 잉여노동자는
말 그대로 잉여의 존재로 보입니다.
필요가 없어 공장에서 축출된 노동자들이거나
공장에서 흡수할 수 없어 취업을 못한
노동자들이지요.
그런데 이들은 자본주의적 축적의
'필연적 산물'일 뿐 아니라
축적을 위한 '지렛대'이기도 합니다.
자본주의적 생산양식에서는
존재할 수밖에 없는 사람들이자
자본주의적 생산양식이
"실존하기 위한 조건"이기도 하다는 것이지요.
이들이 없으면 자본주의가
효과적으로 굴러갈 수 없습니다.

고야, 〈아들을 잡아먹는 사투르누스〉, 1819~1823.
맬서스에 따르면, '과잉 노동인구'는 부양 능력도 없으면서 자식을 낳는
빈민들 때문에 생긴 문제다. 부양 능력도 안 되면서 아이를 너무 많이 낳은 탓이다.

자본구성의 고도화가 사회 전체로는 이윤율의 경향적 저하를 가져온다고 했는데요. 그럼에도 자본가들은 왜 이런 방향으로 나아갈까요. 자본가들의 눈에는 코앞의 이익과 그것을 다투는 경쟁자들만 보이니까요. 새로운 기계의 도입으로 노동생산력이 증대하면 자본가는 경쟁자들을 물리치고 많은 이윤을 얻을 수 있습니다. 마르크스의 표현을 빌리자면 '자본의 양적 확대'를 넘어 '자본구성의 질적 변동'으로까지 나아가면 높은 이윤율이 보장됩니다.[김, 857, 각주 11; 강, 856~857, 각주 77c] 그런데 이렇게 개별 자본들이 경쟁하다 보면 전체적으로는 이윤을 더 늘리기가 쉽지 않은 상황, 곧 총자본의 수준에서는 이윤율의 경향적 저하가 나타나는 겁니다.

『자본』에는 이런 이야기가 많이 나옵니다. 개별 자본가들은 경쟁적으로 눈앞의 이익을 쫓습니다. 눈앞의 이익이 크고 선명해 보일수록 전체에 대해서는 맹목이 됩니다. 운명은 함께 엮여 있는데("잡히면 함께 죽는다") 눈앞의 이익을 두고는 서로가 경쟁자 내지 적대자가 됩니다. 자신들의 행동으로 사회가 어디로 가게 되는지는 알지도 못하고("저들은 자신이 행한 것을 알지 못하나이다") 애초에 관심도 없지요("뒷일은 몰라!"). 전체에 대해서는 누구도 볼 수 없고 누구도 책임지려 하지 않습니다. 자본주의의 법칙, 자본주의의 운명은 이런 맹목과 무책임 속에서 관철됩니다.

◦ 마르크스가 말하는 자본주의 시대의 '인구론'

이제 본격적으로 자본구성의 고도화에 따른 잉여노동자(Sur-plusarbeiter)의 생산에 대해 살펴보겠습니다. 앞서 말한 것처럼 자본주의 특유의 생산방식과 노동생산력의 발전은 자본구성을 높입니다. 자본축적 규모가 커질수록 자본구성도 높아지지요. 사실은 축적의 진행(사회적 부의 증대, 총자본의 성장) 속도보다 자본구성(기술적 구성)의 변화 속도가 더 빠릅니다. 그사이 기술변혁이 일어나기 때문이지요. 노동생산력이 높아지면 동일 자본 대비 사용 노동량이 상대적으로 줄어듭니다. 그래서 추가자본의 경우 기존 자본에 비해 가변자본의 크기가 상대적으로 작습니다. 게다가 어느 시점을 지나면 기존 자본도 생산수단을 갱신하기 때문에 추가자본처럼 기술변혁의 효과를 누립니다. 그럼 자본의 구성은 더 높아지지요.[김, 857~858; 강, 857]

총자본의 규모가 커질수록 가변자본(가변성분)이 차지하는 상대적 비중은 줄어듭니다. 그것도 총자본의 증가 속도보다 훨씬 빠른 속도로 감소하지요. 이 경우 어떤 시각적 기만이 생겨납니다. 가변자본의 상대적 크기 감소가 노동인구의 절대적 증가로 '보이는'(scheinen) 것이지요. 사실은 자본이 상대적으로 과잉인 노동인구를 만들어내고 있는데, 겉보기에는 노동인구 자체가 너무 늘어서(노동자가 노동자를 너무 많이 낳아서) 자본이 그 속도를 따라잡을 수 없는 것처럼 보입니다.[김, 858; 강, 858]

물론 지금 이 이야기는 사회 전반적으로 큰 틀에서 일어나는 변화이고요. 각각의 시기 내지 국면에 따라 상황은 달라질 수 있습니다. 앞서도 말했지만 실제 역사에서는 자본축적이 구성의 큰 변화 없이 진행되는 때도 있고, 구성에 큰 변화가 생겨나는 때도 있으니까요. 자본구성이 크게 변한 후 그 구성이 일정 기간 안정적으로 유지될 때도 있고요. 자본주의적 생산에서는 호황과 불황의 주기가 나타나는데요, 자본구성에도 이런 주기성이 나타날 수 있습니다.

동일한 시기에도 산업부문에 따라 상황은 얼마든지 달라질 수 있습니다. 어떤 부문에서는 자본구성이 불변인 채로 축적이 진행되지만 또 어떤 부문에서는 자본구성의 급격한 변동이 일어날 수 있습니다. 전자의 경우라면 자본축적과 더불어 노동력에 대한 수요도 증대할 겁니다. 그러나 후자의 경우라면 추가 노동력을 흡수하지 못하는 것은 물론이고 기존의 노동력도 방출할 가능성이 높지요.[김, 858~859; 강, 858]

또 다른 경우도 있습니다. 해당 부문의 자본규모 자체가 크게 팽창하면서 기술적 변동에도 불구하고 가변자본의 절대적 규모가 꽤 커지는 경우가 있을 수 있지요. 이 경우 불변자본에 대한 가변자본의 상대적 비중은 줄었지만 절대적 크기가 커져 추가 고용이 이루어질 수 있습니다. 짧은 시기에 큰 변동이 일어난 경우에는 노동력을 많이 흡수했다가 다시 그 이상으로 뱉어낼 수도 있고, 한 부문에서 노동력을 흡수한 것 이상으로 다른 부문에서 방출할 수도 있습니다.[김, 859; 강,

　그런데 이렇게 필요 노동력을 흡수하고 불필요한 노동력을 내뱉기 위해서는 하나의 전제가 필요합니다. 저수지의 물처럼 노동인구가 충분히 고여 있어야 합니다. 그래야 빨아들이고 내뱉는 일이 원만하게 이루어질 수 있습니다. 이는 인구 대다수가 언제든 노동 가능한 집단 즉 노동인구로 편성되어 있어야 한다는 뜻입니다. 노동인구가 취업인구(임금노동자) 규모보다 훨씬 커야 한다는 뜻이기도 하지요. 이처럼 노동인구가 취업인구보다 많은 상황을 상대적 과잉인구(과잉 노동인구)라고 부릅니다.

　자본주의는 이 같은 노동인구의 과잉 상태를 필요로 하며 자본축적과 함께 이런 상황이 만들어집니다. 자본주의는 자본의 기술적 구성을 고도화하는 쪽으로 발전하는데 이것이 상대적 과잉인구의 규모를 키웁니다. 한편으로는 구성이 급격히 고도화되면서 취업 상태에 있던 노동자를 축출하는 방식으로(노골적 추방), 다른 한편으로는 추가 노동력(신규 취업자)을 흡수하는 통로를 줄이는 방식으로(은밀한 추방) 그렇게 합니다.[김, 859; 강, 858]

　자본의 규모가 커지면 커질수록, 자본관계가 확장되고 거기에 포섭되는 사람들이 많아지면 많아질수록, 그리고 노동생산력이 발전하면 할수록, 자본이 빨아들였다 내뱉었다 하는 인간재료의 규모는 커집니다. 처음에는 드물게 어떤 시기 어떤 산업부문에서만 일어난 일들이, 점차 전체 산업부문에서 상시적으로 일어납니다. 게다가 자본구성의 고도화와 함께 이런 인구가 더 많아집니다. 노동인구 중 임금노동자보다 잉여노동자가 더 빨리 늘어나는 것이지요. 일자리가 늘어나는 속도보다 인구가 늘어나는 속도가 더 빠른 겁니다. 이것이 사람들의 눈에 인구 증가 속도가 먹을 것의 증가 속도보다 빨라 보이는 이유입니다.

그러나 이것은 그렇게 '보이는' 것입니다. 이 '과잉인구' 현상은 절대적인 게 아니라 상대적인 것입니다. 상대적 과잉인구라는 것이지요. 그리고 이 현상을 낳은 것은 생물학적 출산이 아니라 산업적 출산입니다. 맬서스의 생각처럼 가난한 사람들이 아이를 너무 많이 낳았기 때문이 아니라는 겁니다. 사실 가난한 노동자들은 노동력의 '과잉/과소' 공급을 결정할 수 있는 존재가 아닙니다. 단지 자본의 축적 상황에 따라 노동자들이 적어 보이기도 하고 많아 보이기도 하는 것이지요. 전반적으로 보면 자본의 축적과 더불어 점점 노동자들이 불필요한 존재, 잉여의 존재, 상대적 과잉인 존재로 나타나는 경향이 있습니다.[김, 860; 강, 859] 바로 이것이 마르크스가 주장하는 자본주의 시대의 인구론입니다.

〈북클럽『자본』〉 시리즈를 시작하면서 나는 마르크스의 정치경제학 비판에서 '역사성'을 특별히 강조한 바 있습니다. 그의 역사유물론은 사회를 지배하는 법칙을 드러냅니다. 그런데 이 법칙은 철저히 역사적인 것입니다. 마르크스는 『자본』 제2독일어판 후기에서 러시아 경제학자 카우프만(I.

I. Kaufmann)의 논평을 인용했었죠. 자신의 방법을 아주 정확하게 묘사했다면서요. 여기서 카우프만은 말했습니다. 마르크스는 현재와 과거에 모두 통용되는 경제생활의 일반법칙을 부인한다고, 그런 시대를 관통하는 '추상적 법칙'은 존재하지 않는다고, 각각의 역사적 시기는 자기 자신의 법칙을 가지고 있다고(『다시 자본을 읽자』, 87~88쪽).

　나는 카우프만이 이 논평을 쓸 때 지금 우리가 다루고 있는 부분을 떠올렸을 거라고 생각합니다. 자본주의적 인구법칙을 다룬 이곳 말입니다. 마르크스는 자본축적이 어떻게 과잉인구의 생산으로 이어지는지를 설명한 뒤 이렇게 쓰고 있습니다. "이것이 자본주의적 생산양식에 고유한(eigentümliches) 인구법칙인데, 실제로 모든 역사적으로 특수한 생산양식들은 자신의 특수하고 역사적으로만 유효한(historisch gültigen) 인구법칙을 갖고 있다. 추상적 인구법칙이란 인간이 역사적으로 간섭하지 않는 한에서 동식물에게나 존재하는 것이다."[김, 861; 강, 860] 마르크스는 여기서 아주 분명하게 주장하고 있습니다. 모든 시대에 관철되는 추상적 인구법칙이란 없으며 모든 시대, 모든 생산양식은 그 시대 그 생산양식에서 통용되는 고유의 인구법칙을 갖는다는 것, 인간과 관련해 역사와 무관한 자연(본성)법칙이 있는 것처럼 말하면 안 된다는 것, 만약 그런 게 있다면 자연에서나 찾으라는 것을 말이지요(사실은 인간과 무관한 자연도 더는 없습니다).

○ 맬서스의 『인구론』은 '인구론'인가 '빈곤론'인가

여기서 토머스 R. 맬서스(Thomas R. Malthus)의 『인구론』을 언급하지 않을 수 없겠지요. 그는 자신의 인구론을 "모든 시대, 모든 국가를 통해서 인정할 수밖에 없는 진리"라고 했습니다.[24] 그의 주장은 간단합니다. 강력한 억제작용이 가해지지 않는 한 인구는 본성상 생존 자원의 증가 속도보다 더 빨리 증가한다는 겁니다. 이것이 엄밀한 자연법칙이라는 걸 보이고 싶었던지 구체적 수치까지 제시했습니다. "한 가지 확실하게 말할 수 있는 것은 인구 증가 경향에 어떠한 억제도 가해지지 않는다면 세계 인구는 25년마다 2배로, 기하급수적으로 늘어날 것이라는 점이다." 반면 "오늘날의 평균적인 토지 상태를 감안할 때 생존 자원은 인간이 일하기 가장 유리한 조건에서조차 산술급수적으로 증가한다."[25]

그런데 이 '진리'의 근거는 너무 빈약합니다. 논리적 근거가 없는 것은 물론이고, 법칙을 확인해줄 통계 자료도 충분하지 않습니다. 맬서스가 제시한 자료로는 인구가 25년마다 2배씩 증가한다는 것도 입증할 수 없고, 식량이 산술급수적으로 증가한다는 것도 입증할 수 없습니다. 단지 인구가 빨리 증가하고 있다는 인상을 받을 뿐이지요. 모든 시대를 관통하는 인구에 관한 진리라기보다 자기 시대 인구 증가에 대한 인상을 진리로 포장했다고 할까요. 맬서스의 『인구론』은 학자의 추론보다는 목사의 설교처럼 들립니다. 회개하라, 곧 심판의 날이 닥친다!

해결책을 도출하는 과정도 법칙을 도출하는 과정만큼이나 단순한데요, 맬서스에 따르면 인구에 대한 예방적 억제책과 적극적 억제책이 있습니다.[26] 적극적 억제책이란 살아 있는 사람들을 사라지게 하는 겁니다. 전쟁이나 빈곤으로 인구가 줄어드는 것이지요. 물론 맬서스가 이것을 추구하지는 않습니다. 문명화된 나라라면 예방적 억제책을 추구해야 한다고 하는데요, 즉 사람들을 태어나지 않게 하는 것이지요. 결혼을 하면 아이가 생길 테니 결혼을 최대한 미루게 합니다. 성적 욕망을 부부 사이가 아닌 다른 곳에 발산하게 하거나(비도덕적 해법), 이성(理性)으로 이 욕망을 이겨내고(금욕) 가족부양의 능력이 생길 때까지 결혼을 미루는 것이지요. 바람직하고 도덕적인 해법은 물론 후자입니다.[27]

이렇게 단순한 주장을 담은 책, 그것도 근거가 매우 불충분한 책이 그토록 큰 반향을 불러일으킨 이유는 무얼까요. 맬서스는 자신의 인구론이 모든 시대를 관통하는 진리라고 했지만, 우리는 그의 인구론을 그의 시대 속에서, 시대의 산물이자 징후로서 읽어볼 필요가 있습니다. 맬서스의 주장이 먹힌 것은 당시 대중들도 인구에 대한 비슷한 인상을 받았기 때문일 겁니다. 도처에 인구가 넘쳐난다는 느낌을 받았을 수 있습니다. 일자리를 찾아 많은 사람이 도시로 몰려들 때니까요. 그리고 이 때문에 많은 문제가 생겨났습니다. 인구 증가가 좋은 일이 아니라는 생각이 들었을 겁니다.

이는 예전 사람들이 가졌던 생각과 다릅니다. 맬서스가

말한 것처럼 과거의 정치가들은 '높은 출생률'을 부강한 국가의 지표로 간주했습니다. 잘사는 나라에서는 인구가 번성하며 인구가 번성하는 곳이 부강한 나라라고요. 그런데 맬서스는 "높은 출생률보다 더 나쁜 징조는 없"다고 말하고 있습니다.[28] 인구가 국력이 아니라, 국력을 저해하는 요인이라고 본 것이지요. 과거 정치가들의 생각이 그들만의 생각이 아니었듯이, 맬서스의 생각도 그만의 생각은 아니었을 겁니다. 당시 런던 시민들도 온갖 곳에서 몰려든 수많은 사람을 문젯거리로 여겼겠지요.

그런데 우리가 특히 눈여겨보아야 할 것은 맬서스가 '인구'를 '식량'과 연결 짓고 있다는 사실입니다. 인구가 그냥 많은 것이 아니라 '생존수단에 비해' 많다는 거죠. 먹고살 것도 갖추지 못한 사람들이 너무 많다는 게 인구문제의 핵심입니다. 인구과잉의 문제란 사실상 빈민과잉의 문제인 것이지요. 런던이나 맨체스터 같은 대도시에는 정말로 빈민이 많았습니다. 처참한 주거 환경에도 불구하고 굴을 파고서라도 살기 위해 몰려든 사람들 말입니다. 이걸 보고 엥겔스가 말했지요. "이 세상에는 프롤레타리아들이 차고 넘친"다고(『공포의 집』, 119쪽).

또한 당시는 기계제 대공업이 본격화할 때입니다. 기계제로 전환하는 과정에서 많은 노동자가 일시에 쏟아져 나왔습니다. 마르크스에 따르면 노동자계급 상당수가 과잉인구화될 무렵의 일입니다. "증기 직기가 영국에서 80만 명의 직공을 거리로 내쫓았다고 할 때, 그 말은 현존하는 기계를 대체하기 위해 그만큼의 노동자가 필요하다는 말이 아니라 실제로 기계에 의해 대체되거나 쫓겨난 노동자 수가 그렇다는 뜻이다."[김, 580; 강, 578] 19세기 초 전통적인 수직기를 쓰던 영국의 직조공들은 마르크스가 "세계 역사상 이처럼 처참한 광경은 없었다"라고 썼을 만큼 비참한 모습으로 거리에 쏟아져 나왔습니다.[김, 582; 강, 580]

실제로 맬서스의 『인구론』을 읽어보면 이것이 인구 일반의 문제가 아니라 빈민의 문제라는 것을 알 수 있습니다. 책 제목이 '인구론'이 아니라 '빈곤론'이 되어야 하는 게 아닌가 하는 생각이 들 정도입니다. 이 책은 '인구론'으로서는 법칙의 도출 과정도 엉성하고 결혼을 자제하라는 해법도 그렇게 현실적으로 보이지 않지만, 그것이 '빈곤론'이라고 보면 그렇지 않습니다. 빈곤의 원인에 대한 주장으로서는 아주 논쟁적이거든요.

이것이 이 책이 당대 큰 반향을 일으킨 진짜 이유가 아닐까 싶습니다. 당시 빈곤의 문제, 특히 '구빈법'(Poor Law)은 가장 뜨거운 주제였습니다. 19세기 초에 사람들은 전대미문의 '부'와 함께 전대미문의 '빈곤'을 함께 목격했습니다. 부와 함께 증대하는 '빈곤'은 당시 정치경제학자들의 최대 현안이었을 뿐 아니라, '사회'에 대한 새로운 견해가 출현하게 된(그래서 '사회학'과 '사회주의'를 탄생시킨) 배경이었습니다(『다시 자본을 읽자』, 55~58쪽).

맬서스 역시 자신의 주장이 빈곤 문제를 겨냥하고 있음을 시사했습니다. 제2판 서문(1807)에서 맬서스는 "논의 과정에서 자연스럽게 사회의 현재 상태에 이 원칙[인구론]이 미치는 효과를 검토하게 되"었고, 그 결과 자신의 주장이 "모든 나라의 하층계급에서 엿볼 수 있는 빈곤과 비참의 많은 부분을 해명하고 또 이들을 구제하려고 하는 상층계급의 노력들이 반복적으로 실패한 이유를 해명해"준다는 것을 알게 되었다고 했습니다[29](아마 실제 순서는 반대였을 겁니다. 인구론 덕분에 빈곤 문제에 대한 해결책을 얻은 것이 아니라 빈곤 문제에 대한 대답으로 인구법칙을 제시했을 겁니다). 그는 『인구론』에서 애덤 스미스의 '연구'(Inquiry; 『국부론』 즉 '국민들의 부의 본성과 원인에 대한 연구')가 대상으로 삼은 것과는 다른 대상, 서로 깊이 연관되어 있지만 훨씬 더 흥미로운 다른 대상을 연구한다고 했습니다.[30] 바로 하층계급의 행복(happiness)과 안위(comfort)의 원인에 대한 연구입니다. 스미스가 부의 원인을 밝히고자 했다면, 자신은 빈곤의 원인을 밝히는 데(그렇게 해서 빈민들을 행복하게 만드는 데) 관심이 있었다는 것이지요.

맬서스에 따르면 인구 증가는 "하층계급을 빈곤의 구렁텅이에 내몰고 생활환경 개선을 어렵게 만드는 주요 원인"입니다.[31] 노동자가 많으면 임금이 떨어지고 식량 가격이 오릅니다. 이는 동일한 식량을 얻기 위해 더 많은 노동을 해야 한다는 뜻입니다. 물론 임금이 떨어지면 지주들은 새로운 토지를 개간해서 식량 공급을 늘릴 수 있지만, 이런 식으로 생존

조건이 개선되면, 인구 증가의 자연법칙 즉 인구는 생존 조건 향상과 더불어, 아니 그 이상으로 증가한다는 법칙이 작동해 개선 효과를 금세 사라지게 합니다.

물론 목사인 맬서스가 생육하고 번성하라는 신의 계명을 어기려는 것은 아닙니다. 다만 그에 따르면 신은 "식량도 부족하고 비좁고 더러운 오두막살이에 군집해서 살아가는 비천한 하층계급"을 유행병의 희생자로 만들면서 인구 증가에 관해 계시했습니다. 생육하고 번성하되, 생존 자원의 증가에 맞게 인구를 늘려야 한다고요. 인구 증가의 적절한 조절과 지도가 필요하다는 거죠. 그것은 "자녀를 양육할 수 있을 때까지는 결혼을 하지 않"는 것입니다.[32]

그런데 이러한 조절과 지도는 상류계급에 해당하는 이야기가 아닙니다. 부양 능력도 없으면서 자식을 낳는 빈민들의 문제지요. 재밌는 것은 맬서스가 상류계급은 인구문제를 격정할 필요가 없다면서 그 이유를 부양 능력에서 찾고 있지 않다는 점입니다. 그에 따르면 "상류계급은 교육 및 신분과 결부된 자존심과 독립심으로 인해 결혼에 대한 예방적 억제를 스스로 실천할 수" 있습니다.[33] 상류계급은 지적이고, 이성적이고, 독립심이 강해서 무턱대고 자식을 낳아 그 경제적 부담으로 지위가 하락하고 사회에 의존해 살아가야 하는 행동을 하지 않는다는 것이지요.

결국 관건은 무지하고 비이성적이며 의존적인 빈민들이 그 행동을 고치는 겁니다. 맬서스는 "노동계급의 분별력과 통찰력을 신장시키는 것이야말로 문제 해결에 접근하려는 모든 계획이 갖춰야 할 기본 원리"라고 했습니다.[34] 『인구론』이 누구를 겨냥해서 쓰인 것인지 분명히 한 셈이지요. 이 책은 상층계급에게는 필요가 없습니다(물론 상층계급이 가장 좋아하겠지만요). 이 책은 하층계급에게 빈곤의 원인과 해법을 가르치는 책입니다. 하층계급이 빈곤한 이유는 무엇인가. 부양 능력도 안 되면서 아이를 너무 많이 낳은 것이죠. 하층계급은 신이 유행병과 굶주림을 통해 여러 번 계시했음에도 그 메시지를 알아듣지 못하는 사람들입니다. 인구법칙에 대한 빈민들의 무지와 무분별, 부도덕이 빈곤의 원인인 셈이지요. 맬서스는 『인구론』을 하층계급의 행복과 안위에 대한 연구라고 했는데요. 그렇다면 어떻게 하층계급을 행복하게 만들 수 있는가. 그의 답변은 이런 겁니다. "인구원리가 하층계급의 삶에 지대한 영향을 미친다는 사실, 그리고 그들의 행복과 불행은 그들 자신의 행동에 의해 결정된다는 사실을 반복적으로 강조하고 교육해야 한다."[35]

○ 마르크스의 특별한 주석
―너무나 반혁명적인 맬서스에 관하여

마르크스가 맬서스에게 얼마나 분노했을지 상상이 갑니다. 그는 맬서스를 비난하는 아주 긴 주석을 달았습니다. 『자본』에서 가장 긴 주석이 아닐까 싶은데요. 이 주석에서 마르크스는 『인구론』을 가리켜 "이 소책자가 불러일으킨 대단한 열풍은 오로지 당파적 이해(Parteiinteressen)에서 나온 것"이라고 했습니다.[김, 842, 각주 6: 강, 842, 각주 75] 『인구론』이 당시 영국에서 거둔 성공의 비밀은 과학성이 아니라 당파성에 있다는 뜻입니다.

실제로 『인구론』을 그 시대 속에서 읽으면 맬서스를 내몬 충동, 맬서스로 하여금 이 책을 쓰게 만든 충동을 읽어낼 수 있습니다. 이 책의 초판은 1798년에 출간되었습니다. 프랑스혁명이 일어나고 얼마 지나지 않았을 때죠. 마르크스에 따르면 당시 영국에는 프랑스혁명의 열렬한 지지자들이 있었습니다. 지배계급은 프랑스혁명의 여파가 영국까지 전달되는 것을 우려했습니다. 마르크스에 따르면 '인구법칙'은 프랑스에서 18세기부터 발전했고, 혁명 즈음에는 당시 확산되던 진보주의 이념, 이를테면 "콩도르세(Condorcet)의 학설에 대한 해독제로서 효능"을 크게 인정받았습니다. 영국의 과두정부 역시 이 학설을 "인간 진보에 대한 모든 열망을 박멸하는 방책"으로 환영했다고 합니다.[김, 842, 각주 6: 강, 842, 각주 75]

『인구론』은 이런 분위기에서 나온 책입니다. 초판을 익명으로 출간했는데요. 출간되자마자 격렬한 논쟁의 대상이 되었습니다. 매우 당파적인 책이었으니까요. 오랜 연구 성과를 담은 학술서라기보다 사회적 긴장감이 높던 시기에 소위 불온 세력들에게 싸움을 걸기 위해 쓴 논쟁서였다고 할 수 있습니다. 맬서스는 표지에 자신이 겨냥하는 적들의 이름을 거명했습니다. 부제에 "고드윈, 콩도르세 그리고 그 밖의 몇몇 저자들의 생각에 대한 논평"이라는 말을 넣었지요. 나중에 여러 차례 개정판을 냈는데요. 표지에서는 이름을 뺐지만 본문에는 비판 대상을 추가했습니다. 이를테면 『인간의 권리』를 쓴 토머스 페인(Thomas Paine)이나 협동조합 실험으로 주목받던 로버트 오언(Robert Owen) 같은 사람이 추가되었죠. 이들은 모두 빈곤에 대한 국가와 사회의 책임을 환기하고 빈민에 대한 사회부조를 주장했던 사람들입니다.

맬서스의 비판을 읽다 보면 그가 비판한 사람들보다 그의 정체를 더 잘 알게 됩니다. 이를테면 그는 콩도르세를 개인이 아니라 하나의 당파로, 즉 "혁명 초기 프랑스 지식인들의 일반적 사고방식"으로 받아들입니다. 콩도르세를 비판하는 것이 그 개인에 대한 비판이 아니라 프랑스혁명을 추동한 이념에 대한 비판임을 내비친 것이지요.[36]

콩도르세는 "노동력 외에는 생계를 해결할 아무런 수단도 없는" 다수의 사람들이 사회의 생계 수단을 생산하고 있는데 이들이 극심한 궁핍에 시달리고 있음을 지적했습니다. 사회를 떠받치는 것은 이들 가난한 생산자들이기에 이들을 돕기 위한 사회적 기금을 만들자고 했지요. 그런데 맬서스는 이 말을 콩도르세도 결국 사회 유지를 위해 '노동력 외에는 생계를 해결할 아무런 수단도 없는 인구'가 필요하다는 걸 인정한 셈이라고 우깁니다. 노동자들이 노동함으로써 사회가 유지된다는 것은 노동자들이 노동력을 계속 판매한다는 뜻이고, 이는 이들이 계속해서 그래야만 하는 상황에 놓여 있다는 뜻이니까요. 맬서스에 따르면 그런데도 콩도르세는 기금을 만들어 이들의 가난을 없애려고 합니다. 빈곤의 사회적 효용을 제거하는 거죠. 빈곤이 없어지면 과연 사회가 좋아지는가. "태어나는 아이들이 빈곤의 공포에서 해방된다면 인구는 엄청나게 빠른 속도로 증가할 것이 틀림없다."[37] 그러면 어떻게 될까. 맬서스의 인구론에 비춰보면 사회 전체가 암울한 상황에 빠지겠지요.

맬서스는 윌리엄 고드윈(William Godwin)에 대해서도 마찬가지 비판을 가했습니다. 고드윈은 프랑스혁명을 지지했던 영국의 철학자인데요. 『프랑켄슈타인』의 저자 메리 셸리(Mary Shelley)의 아버지이기도 합니다. 혁명 직후인 1793년에 고드윈은 『정치적 정의』*An Enquiry Concerning Political Justice*를 썼습니다. 프랑스혁명을 비판했던 에드먼드 버크(Edmund Burke)의 『프랑스혁명에 대한 고찰』*Reflections on the Revolution in France*을 비판한 책입니다. 맬서스는 이 책의 "커다란 오류는 문명사회에 만연한 죄악과 빈곤의 책임을 인간 사회의 인위적 제도에다 돌리고 있는 점"이라고 말합니다. 빈곤을 사회의 책임으로 보는 게 문제라는 거죠. 그에 따르면 사회 제도에 오류가 있을 수는 있지만 이는 "자연의 법칙과 인간의 욕정에서 생기는 뿌리 깊은 해악과 비교해보면 경미하고 피상적인 원인에 불과"합니다. 즉 빈곤은 자연법칙인 인구법칙, 그리고 이 법칙을 모르고, 혹은 알면서도 욕망을 억제하지 못해 아이들을 낳은 사람들이 치르는 업보입니다. 콩도르세에 대한 비판과 마찬가지인데요. 설령 이상적인 사회제도가 만들어진다 해도 그것은 순식간에 무너질 겁니다. 이상적인 사회란 인구 증식에 좋은 사회니까요.[38]

이쯤 되면 우리는 그의 인구법칙이 어떻게 활용되었는지를 잘 알 수 있습니다. 실제로 맬서스는 『인구론』 집필의 의도가 진보주의자, 평등주의자 들에 대한 비판에 있었음을 밝히기도 했습니다. 개정판을 낼 때 그는 "새 개정판에는 월리스, 콩도르세, 고드윈 등 평등 제도에 관한 논의 부분을 빼는 것이 낫겠다는 충고를 들었다"라고 합니다. 그때 그는 확고하게 밝혔습니다. 평등주의를 다룬 "이 부분 때문에 이 책의 중심 주제를 연구하게 되었다"라고요. 따라서 이 부분에 대한 애착(partiality)이 있고, 그것이 아니더라도 "인구 원리에 근거한 평등주의 체계들에 대한 답변은 어딘가에 꼭 넣어야 한다고" 했지요.[39]

평등주의에 대한 맬서스의 비판은 두 가지로 압축됩니다. 첫째, 평등제도는 인간으로 하여금 생산 활동에 나서도록 만드는 자극원(빈곤)을 없앰으로써 나태한 본성 속에 살게 합니다. 둘째, 아무리 좋은 사회라 해도 인구 증가를 막을 수는 없습니다. 인구는 생존 자원의 한계 이상으로 증가하는데 평등주의는 이러한 증가(특히 빈민들의 경우)를 부추깁니다.[40]

맬서스가 보기에 평등주의자들은 빈민들에 대한 연민을 보일 뿐 실제로는 "문제 위에 검은 베일을 뒤집어씌워 빈곤의 참된 원인을 은폐"합니다. 그에 따르면 빈곤의 참된 원인은 자연법칙인 인구법칙과 부양 능력이 없음에도 아이를 계속 낳는 빈민들에게 있음에도, 평등주의자들은 그 원인이 정부나 상류계급에 있다고 호도하고 선동합니다. 맬서스가 보기에 필요한 것은 노동자와 빈민에 대한 훈계입니다. 빈곤의 원인이 그들 자신에 있다는 것, 사회나 정부가 도울 수 있는 일이 아니라는 것, 능력도 없이 아이들을 낳는 것은 사회에 부담을 지우는 일이며 그 자신도 가난 속에 빠뜨리는 일이라는 것, 신은 자연법칙을 통해 이성 있는 인간들에게 충분히 계시했으며(굶주림이나 질병을 통한 죽음), 신의 훈계를 따르기만 하면 얼마든지 피할 수 있는 질병을 노동자들이 스스로 초래하고 있다는 것 등을 일깨워야 한다는 겁니다.[41]

맬서스는 노동자, 빈민이야말로 문제 해결의 주체인 것처럼 말합니다. 생활을 개선하려면 당신들이 가진 유일한 상품인 노동력의 가격을 올리라고, 그런데 노동력 공급의 주체는 당신들 아니냐고, 당신들이 노동력 공급을 줄이면 가격이 오를 텐데 왜 그것을 실행하지 않느냐고요. 그는 노동자들에게 자신들이 가진 힘을 깨닫게 해주어야 한다고 했는데요. "그들 자신이 […] 공급의 주체이기 때문에 오직 그들만이 이를 실행할 수 있는 힘을 가졌다는 것을 가르쳐주지 않으면 안 된다"라고요.[42] 그러나 이것은 '힘'의 환기가 아닙니다. '책임'의 추궁이지요. 즉 노동자들에게 상황을 타개할 힘이 있다고 말하고 싶은 게 아니라 빈곤의 책임이 노동자들 스스로에게 있다고 말하고 싶은 것이지요.

마지막 장에서 맬서스는 완전히 발가벗습니다. 맬서스가 어떤 인간인지, 『인구론』이 어떤 책인지, 그가 무엇을 두려워하고 있는지 모두 드러납니다. 그는 이렇게 말합니다. "[『인구론』에서 주장하는] 이런 진실이 대중적으로 더욱 널리 이해되기에 이른다면, 하층계급은 더 평화적이고 안정적인 계층이 될 것이며, 흉작 시에도 폭동과 소요를 일으킬 가능성이 줄어들고, 혁명으로 노동임금과 생활자원을 통제하는 것이 불가능하다는 것을 알고 있기 때문에 선동적인 출판물에 미혹되는 일도 적어질 것이다. 설사 그와 같은 진리가 빈민들의 결혼에 대한 태도에 아무런 뚜렷한 변화를 가져오지 않는다고 하더라도, 단지 진리를 아는 것만으로도 정치적 관점에서 그들의 행위에 유효한 효과를 미칠 것이 분명하다. 그리고 그런 효과 중 가장 중요한 것은, 체제를 뒤엎으려는 불온한 움직임의 위협을 받지 않고도 중상류계급이 점진적인 정치 개혁을 추진할 수 있는 힘을 얻게 된다는 사실이다. 이 혁명적인 움직임에 대한 두려움은 현재 유럽의 여러 나라가 오래전 그 실현 가능성을 입증한 자유의 가치에 가장 큰 위협이 되는 요소라 할 것이다."[43]

맬서스는 빈민들의 공격 방향을 정부가 아닌 빈민들 스스로를 향하도록 만들고 있습니다. 빈민들에게 순응과 절제를 가르치자고, 그게 어렵다면 최소한 자책이라도 가르치자는 것이지요. 설령 결혼에 대한 빈민들의 태도를 바꾸지 못할지라도, 즉 빈민들이 아이를 낳는 것은 막지 못할지라도 그들이 혁명에 나서는 것은 막을 수 있다… 이것이 『인구론』의 진정한 목적입니다.

마르크스의 긴 주석이 폭로하는 것도 이것입니다. 맬서스의 책이 얼마나 당파적 이익에 철저하게 복무하는지 말입니다. 맬서스 같은 프로테스탄트 목사들이 개입하면서 정치경제학은 과학이 아니라 신앙처럼 되고 말았습니다. 학설이 설교가 되었다고 할까요. 빈곤 문제에 대한 해법이란 게 빈민들에게 청교도적 금욕주의를 교육하는 것입니다. 마르크스에 따르면 오랫동안 신성한 성직자들에게는 경제 문제, 돈 문제를 다루는 것이 금기시되었습니다. 그래서 "18세기 중엽까지도 저명한 경제학자였던 터커(Tucker) 목사는 자신이 맘몬(Mammon)을 다룬 것[돈 문제를 다룬 것]에 대해 변명"했을 정도입니다.[김, 842, 각주 6; 강, 842, 각주 75]

정치경제학은 오랫동안 목사들의 영역이 아니었습니다. 마르크스에 따르면 본래 정치경제학은 "홉스, 로크, 흄과 같은 철학자, 그리고 토머스 모어, 템플(Temple), 설리(Sully), 더빗(de Witt), 노스(North), 로(Law), 밴더린트(Vanderlint), 칸티용(Cantillon), 프랭클린(Franklin) 같은 사업가나 정치가에 의해 연구되었으며, 이론적으로 큰 성과를 거둔 것은 페티(Petty)나 바번(Barbon), 맨더빌, 케네처럼 주로 의사들"입니다. 그런데 '인구법칙'을 매개로 '인간의 생육과 번성'에 대해 떠드는 목사들이 들어온 것이지요. 인구법칙과 더불어 정치경제학에서 목사들의 시대가 열린 겁니다. 월리스(Wallace), 타운센드(Townsend), 맬서스(Malthus), 찰머스(Chalmers) 등이 모두 목사입니다. 마르크스는 이들 목사들이 '생육하고 번성하라' 하는 신의 계명을 지키도록 하는 게 자신들의 사명이라고 주장하면서 "음탕하다 싶을 정도로 인구 증가에 기여"했으면서도 가난한 노동자들에게는 욕망을 억제하라며 "'인구법칙'을 설교했다"라고 조롱했습니다(그나마 맬서스는 독신으로 살면서 스스로 모범을 보였습니다).[김, 842, 각주 6; 강, 842, 각주 75]

이들 목사들은 정치경제학자들에 대한 설교자이자 심판자로 행세했습니다. 인구를 부의 토대로 간주한 윌리엄 페티는 목사들의 공공연한 적이었고 애덤 스미스는 무신론자인 흄을 칭송했다는 이유로 심판의 대상이 되었습니다. 스미스는 '비생산적 노동자'의 범주에 성직자 즉 목사도 포함했는데 이 또한 문제가 되었습니다. 목사 찰머스는 스미스가 "프로테스탄트 목사를 염두에 두고 악의적으로 '비생산적 노동자'라는 범주를 고안한 게 아닌가" 하는 의혹을 제기했답니다. "주님의 포도밭에서 축복된 노동을 하는" 목사들을 두고 말이지요.[김, 842, 각주 6; 강, 842, 각주 75]

애초 마르크스의 이 주석은 "스미스의 제자들 중 18세기에 의미 있는 일을 한 유일한 사람"으로 이든에 대해 말하다가 단 것인데요. 사람들이 만약 스미스의 제자로 맬서스를 떠올린다면 이런 사실을 지적해주고 싶다며 이야기한 것입니다. 맬서스가 얼마나 당파적 이해에 충실한 인물인지, 그리고 맬서스와 같은 프로테스탄트 목사들이 인구법칙을 매개로 정치경제학에 대해 발언하기 시작하면서 정치경제학이 얼마나 망가졌는지(스미스를 발전시키기는커녕 스미스로부터 얼마나 퇴보했는지)를 보여준 겁니다.

마르크스에 따르면 정치경제학자 페티는 '목사들의 꼴사나운 짓'을 예감한 듯 "현재의 성직이 흡수할 수 있는 숫자 이상의 목사들을 길러내서는 안 된다"라고 했습니다. 성직을 잡지 못한 목사들이 생계를 얻기 위해 온갖 사악한 설교를 해댈 테니까요.[김, 842, 각주 6; 강, 842, 각주 75] 생계수단 이상으로 목사를 늘려서는 안 된다는 것, '목사인구 법칙'이라고 해야 할까요. 마르크스가 맬서스에게 하고 싶은 말이었을 겁니다. 세상을 암울하게 만드는 것은 목사들의 증가라고요.

∘ '잉여노동자' 곧 과잉 노동인구는 꼭 필요한 '산업예비군'

다시 본문으로 돌아가볼까요. 마르크스는 자본주의적 생산양식에 고유한 과잉인구 현상, 자본축적과 더불어 나타나는 과잉인구 현상이 존재한다고 했습니다. 사실 맬서스도 과잉인구를 "근대 산업의 필요조건(Notwendigkeit)"으로 인식했습니다.[김, 864; 강, 862~863] 그는 『인구론』에서는 노동자들에게 결혼에 신중하라고 하더니, 그 뒤에 쓴 『정치경제학 원리』(1820)에서는 너무 많은 노동자가 결혼을 자제하면 공업과 상업을 위주로 하는 나라에는 해롭다고 했습니다.[김, 864; 강, 863] 아이를 낳고 길러서 노동자로 공급하려면 16~18년은 걸리는데, 이걸로는 산업에서 발생한 당장의 수요를 충족할 수가 없으니까요.

애초에 한 세대 전의 출산 계획으로 한 세대 후의 노동력 수요에 대응한다는 건 말이 안 됩니다(『인구론』에서 맬서스는 빈곤의 책임을 노동자의 출산에 떠넘기면서, 출산을 통제해 노동가격을 높이라고 했는데요. 이것이 얼마나 황당한 조언이었는지가 여기서 잘 드러납니다). 어떤 상품도 이런 식으로 수요를 맞출 수는 없습니다. 그러니 천하의 맬서스도 자본주의 생산에는 언제든 공급 가능한 잉여노동자들, 과잉 노동인구가 필요하다는 걸 인정할 수밖에 없었지요.

마르크스는 이들 잉여노동자 인구(Surplusarbeiterpopulation)를 '산업예비군'(industrielle Reservearmee)이라고 부릅니다.[김, 861; 강, 860] 취업 상태의 임금노동자를 정규군으로, 잉여노동자들을 예비군으로 나눈 것이지요. 마르크스는 자본주의 생산형태가 군대와 유사하다는 생각을 많이 한 것 같습니다(산업예비군이라는 말도 그렇고, 아마도 이런 비유를 쓴 것은 군사 문제에 해박했던 엥겔스의 영향일 겁니다). 이전에도 군대 비유를 종종 썼습니다. 공장을 병영에 비유했고, 생산을 지휘하는 자본가를 장군, 중간관리자들을 장교와 하사관, 노동자를 병사에 비유한 바도 있습니다(『거인으로 일하고 난쟁이로 지불받다』, 94쪽 그리고 『자본의 꿈 기계의 꿈』, 103~104쪽).

언뜻 보면 잉여노동자는 말 그대로 잉여의 존재로 보입니다. 필요가 없어 공장에서 축출된 노동자들이거나 공장에서 흡수할 수 없어 취업을 못한 노동자들이지요. 그런데 이들은 자본주의적 축적의 '필연적 산물'일 뿐 아니라 축적을 위한 '지렛대'이기도 합니다. 자본주의적 생산양식에서는 존재할 수밖에 없는 사람들이자 자본주의적 생산양식이 "실존하기 위한 조건"이기도 하다는 것이지요.[김, 861; 강, 860] 이들이 없으면 자본주의가 효과적으로 굴러갈 수 없습니다.

이 점에서 잉여노동자들은 참으로 독특한 지위를 갖고 있습니다. 한편으로는 필요가 없어서 공장에서 추방되거나 거부된 존재들이고 다른 한편으로는 자본주의적 생산에 꼭 필요한 존재들입니다(이들이 어떤 기능을 수행하는지는 곧이어 볼 겁니다). 이와 관련해 마르크스가 인용한 옥스퍼드대의 정치경제학자 허먼 메리베일(Herman Merivale)의 글이 아주 인상적입니다.[김, 863~864; 강, 862] 특히 노동이민에 반대하는 대목이 흥미롭습니다. 그는 공황기에 발생한 잉여노동자들 곧 과잉 노동인구가 나라 밖으로 떠나면 경기가 회복되었을 때 노동력 기근이 생겨날 거라고 했습니다. 그래서 노동이민에 반대했지요. 요컨대 그는 노동자들을 공장 밖으로는 몰아내되 나라 밖으로 몰아내면 안 된다고 한 겁니다.

그렇다면 잉여노동자들은 어디에 있어야 할까요. 해고자나 미취업자들의 자리는 어디일까요. 내부도 아니고 외부도 아닌 곳, 바로 주변이지요. 추방은 했지만 언제든 다시 붙들 수 있는 곳 말입니다. 잉여노동자들 즉 산업예비군은 거기 주둔해야 합니다. 공장 주변에서 공장만 바라보고 있어야지요. 언제든 손쉽게 가져다 쓸 수 있도록 말입니다.

개별 자본가들은 이들을 책임지지 않습니다. 개별 자본에 대해 이들은 외부의 존재들입니다. 임금관계 바깥에 있습니다. 하지만 총자본에 대해서는 그렇지 않습니다. 개별 자본과의 관계(임금관계)에 대해서는 외부에 있지만 총자본과의 관계(자본관계)에는 속박되어 있지요. 이들은 자본과의 관계를 맺지 않고서는 살 수 없는 조건(노동력을 팔아야만 살 수 있는 조건)에 처해 있습니다. 그래서 보이지 않는 끈에 묶여 있기라도 한 듯 공장에서 멀리 떠나지 못합니다. 자본가들 근처를 맴돌며 자기 노동력을 판매할 수 있기를 학수고대하지요.

마르크스는 재밌는 표현을 썼습니다. "이 산업예비군은 마치 자본이 자기 비용을 들여 키워내기라도 한 것처럼 자본에 절대적으로 매여 있다."[김, 861; 강, 860] '마치 …처럼'(als ob)이란 실제로 그런 건 아니라는 뜻이죠. 자기가 돈 내서 키운 것도 아닌데 자기 것으로 생각하고 자기 것처럼 쓴다는 말입니다. 자본가들로서는 아무런 수고도 들이지 않았는데도, 이미 다 손질된 재료가 문 앞에 배달되어 있는 것과 같습니다(현대 자본주의에서는 총자본의 입장에서 국가가 이들을 관리하지요. 『자본의 재생산』, 192쪽). 노동인구가 언제나 과잉 상태로 존재하기 때문에 인구 증가를 기다릴 필요가 없습니다. "자본의 변동하는 가치증식 욕구를 위하여 과잉인구는 실제 인구 증가의 제약에 구애받지 않고 언제든지 착취할 수 있는 인간재료를 준비해둔다."[김, 861; 강, 860]

◦ 자본축적에 이바지하는 산업예비군의 세 가지 '조절' 기능

산업예비군은 자본축적을 위해 어떤 기능을 수행할까요. 첫째, 방금 말한 것처럼 노동력의 수급 상황을 효과적으로 조절하는 장치가 됩니다. 기본적으로 자본축적이 진행되면 추가 노동력이 필요합니다. 여기에 자본의 '팽창력'(Expansionskraft)를 고려해야 합니다. 노동생산력이 커지면 자본은 용수철 신발을 신은 듯 규모가 커집니다. 성능 좋은 기계나 효과적인 운송수단 등의 기술적 조건이 더해지면 '탄력성'(Elastizität)이 배가되지요. 여기에 신용제도까지 뒷받침되면 하룻밤에도 엄청난 크기의 자본이 몰려들 수 있습니다. 새로운 시장이 열리면서 기존 산업도 커질 수 있고, 아예 새로운 산업이 생겨날 수도 있지요. 어떻든 이윤이 생겨난다 싶으면 자본은 '미친 듯이' 몰려듭니다. 이 경우 기존 산업에 종사하는 노동력을 빼올 것이 아니라면 추가 노동력이 대규모로 신속히 투입되어야 합니다. 이때 산업예비군은 노동력의 저수지 역할을 합니다.[김, 862; 강, 860]

물론 저수지는 공급 기능만 하는 게 아니죠. 물이 쏟아져 나올 때 담아두는 기능도 합니다. 자본주의 초기에는 이런 일이 드뭅니다만 자본관계가 어느 정도 일반화되고 대규모 자본축적이 이루어지면 노동력이 대규모로 방출되는 일도 곧잘 일어납니다. 빨아들인 양이 많으면 뱉어내는 양도 많을 수밖에 없지요. 생산규모가 돌발적으로 커진다는 건 돌발적으로 줄어들 수도 있다는 뜻입니다. 하룻밤 새 몰리는 돈은 하룻밤

새 빠져나갈 수도 있습니다. 이런 게 탄력성입니다. 따라서 자본축적이 효과적으로 이루어지려면 노동력의 공급도 탄력적이고 유연해져야 합니다. 언제든 해고 가능하고 언제든 채용 가능한 상태가 되어야 하죠. 인구 증가와 상관없이 언제든 노동력을 공급받을 수 있어야 하고, 필요 없는 노동력은 간단히 떨쳐낼 수 있는 장치가 필요합니다.[김, 862; 강, 861]

자본주의 산업의 주기성을 고려하면 이런 장치는 더욱 중요합니다. 자본주의가 어느 정도 발전하면 산업의 순환이 나타납니다. 대략 10년 주기로 '활황-호황-과잉생산-공황-침체' 등을 반복하지요(『자본의 꿈 기계의 꿈』, 146~149쪽). 물론 이 주기는 불변이 아닙니다. 마르크스에 따르면 주기는 "가변적이고 갈수록 단축"되는 경향이 있습니다.[김, 863, 편집자 주; 강, 861~862, 편집자 주]. 활황과 공황이 반복되는 이런 순환과정은 노동력을 보충해주기도 하고 흡수해주기도 하는 안정적 완충장치를 요구하지요.[김, 862; 강, 861] 이 완충장치가 산업예비군입니다.

둘째, 산업예비군은 정규군의 노동강도를 조절하는 장치로 기능합니다. 산업예비군은 상대적으로 인구의 자연적 증가에 매이지 않는 노동력 공급을 가능케 한다고 했는데요. 우리는 이 노동력 공급을 암묵적으로 고용의 증대로 간주해왔습니다. 가변자본이 늘어나는 만큼 취업자 수가 늘어난다고 본 것이지요. 하지만 엄밀히 말해 자본가가 원하는 것은 노동량을 추가하는 것이지 노동자를 추가하는 게 아닙니다. 만약 노동자를 더 고용하지 않고도 노동을 얻을 수 있다면 그 길을 택하겠지요. 이미 고용된 노동자로부터 더 많은 노동량을 뽑아낼 수 있다면 그것이 더 이득입니다. 노동수단이나 공간, 부대시설 등에서 비용을 아낄 수 있으니까요. 적은 노동자로 동일한 노동량을, 혹은 동일한 규모의 노동자로 더 많은 노동을 뽑아낼 수 있다는 것은 "외연적이거나 내포적인 착취를 증대"시킨다는 이야기입니다.[김, 866; 강, 864] 노동시간을 늘리거나 노동강도를 높이는 것이지요.

취업 노동자에 대한 착취가 늘어난다는 것은 그만큼 고용이 줄어든다는 뜻입니다. 산업예비군이 더 늘어나겠지요. 하지만 이렇게 늘어난 산업예비군은 정규군을 더 압박하는 환경이 됩니다. '너 말고도 일할 사람 많아!' 효과라고 할 수 있지요. 한편으로 산업예비군이 정규군 자리를 꿰차기 위해 분투하고 있다는 걸 알고, 다른 한편으로는 산업예비군의 삶이 얼마나 끔찍한지를 알기 때문에 정규군 노동자들은 과로할 수밖에 없습니다. 그리고 자본가의 온갖 부당한 지시도 감내할 수밖에 없지요.[김, 866~867; 강, 865]

"노동자계급 중 한 부분을 과로하게 함으로써 다른 한 부분에게 '강요된 태만'이라는 형벌을 내리고 그 반대로도 하는 것[한 부분에 강요된 태만의 형벌을 내림으로써 다른 한 부분을 과로하게 하는 것]은 개별 자본가의 치부수단이자 […] 산업예비군의 생산을 촉진한다."[김, 867; 강, 865] 한쪽은 일감이 없어 굶어 죽게 만들고 다른 한쪽은 일이 넘쳐 과로로 죽게 만듭니다. 지금 여기가 자본주의사회라는 걸 잊는다면, 이건 틀림 없이 미친 짓입니다. 그러니 그 '미친 짓'을 관두고 모두가 일을 나누어 실업과 과로를 함께 줄여야겠죠. 그런데 이 '미친 짓'이 자본가의 이윤을 위해서는 매우 합리적인 선택입니다.

　　당시에도 고통을 줄이기 위해 일을 나누자는 요구가 나왔습니다. 마르크스는 1863년 면방직 노동자들이 펴낸 소책자를 주석에서 길게 인용하는데요. 당시는 미국의 남북전쟁 여파로 영국이 면화 기근에 빠져들 때입니다. 많은 면방직공이 해고되어 길거리로 쏟아져 나올 때지요(『자본의 재생산』, 84쪽). 노동자들은 노동시간 단축을 요구했습니다. 일부는 일감이 없이 자선에 의존해 연명하고 일부는 과로에 시달리고 있으니 일을 나누자는 거죠. 노동자들은 "적어도 지금 상태가 지속하는 동안만이라도" 그렇게 하자고 간절하게 요구합니다.[김, 867, 각주 17; 강, 865, 각주 83] 하지만 자본가들의 생각은 다릅니다. 위기일수록 노동자들을 더 쥐어짜지요. 말 그대로 위기니까요. 일감이 줄어들면 그만큼 이윤도 줄어듭니다. 이걸 만회하려면 착취도를 높이는 수밖에 없습니다. 일감이 줄었다고 노동시간을 줄이지는 않습니다. 오히려 고용을 줄이지요. 그리고 남은 노동자들을 최대한 돌립니다. 그래서 불황이 닥쳤을 때 노동자는 더 힘듭니다. 실업과 과로가 동시에 나타나지요. 한쪽은 굶주림 때문에, 다른 한쪽은 과로로 고통받습니다(『공포의 집』, 54~55쪽).

　　셋째, 산업예비군은 임금 조절 장치로 기능합니다. 앞서 맬서스는 노동력의 공급이 노동인구의 자연증가를 통해 이루어진다고 생각했는데요. 인구가 늘어나면 노동력 공급이 늘어 노동가격이 떨어지고 인구가 줄어들면 노동가격이 오를 거라고요. 하지만 임금의 '일반적'(allgemein) 운동은 "노동자 인구의 절대 수의 변동에 의해서가 아니라 노동자계급이 정규군과 예비군으로 분할되는 비율에 따라 정해"집니다(여기서 '일반적'이라고 한 것은 총자본과 총노동의 관계를 염두에 두고 한 말입니다. 개별 산업부문에서 임금의 국지적 변동은 이것과는 다릅니다). 과잉 노동인구가 얼마나 되는가에 따라 즉 과잉 노동인구가 산업체에 얼마나 흡수되고 또 유리되는가의 정도에 따라 정해진다는 말입니다.[김, 868; 강, 866]

산업예비군(구직자)이 늘어나면 임금은 떨어질 것이고 반대의 경우엔 임금이 오르겠지요. 따라서 산업예비군의 팽창과 수축을 보면 임금의 일반적 변동이 보입니다. 전반적으로 호황일 때는 자본의 팽창에 따라 노동력이 상대적으로 부족하고(산업예비군의 축소), 불황일 때는 자본의 수축에 따라 노동력의 공급이 과잉으로 나타납니다(산업예비군의 확대). 물론 이 주도권은 자본에 있습니다. 자본의 팽창과 수축에 달려 있지요.

그런데 정치경제학자들의 '아름다운 법칙'에서는 이것이 거꾸로 나타납니다. 인구수의 절대적 변동에 맞춰 자본이 운동하는 것처럼 보이지요. 이들의 설명은 이렇습니다. 자본축적으로 임금이 오르면 노동자 수가 늘어납니다. 그러다가 노동자가 넘치는 때, 즉 자본이 상대적으로 부족한 때가 닥치지요. 그러면 임금은 하락할 수밖에 없습니다. 이로 인해 노동자 수도 감소하지요. 그렇게 계속 감소하다 보면 다시 수요보다 공급이 작아지는 때가 오겠지요. 자본이 과잉으로 나타나는 때 말입니다. 그러면 다시 임금이 오릅니다. 이런 식으로 계속 반복되는 거죠. 또 다른 버전도 있습니다. 임금이 떨어지고 노동자에 대한 착취가 강화되면 자본축적이 가속화됩니다. 자본은 늘어나지만 노동자 수는 줄어들겠지요. 그러다가 노동자의 공급이 너무 부족해지면 임금이 인상될 수밖에 없는 시기가 옵니다.[김, 868~869; 강, 866~867]

이것은 노동자 인구의 증감이 임금을 어떻게 변동시키는지에 대한 흔히 접할 수 있는 설명입니다. 마르크스는 조롱하듯 말합니다. "발전된 자본주의적 생산을 위한 이 얼마나 아름다운 운동인가!"[김, 869; 강, 867] 임금수준과 노동인구가 알아서 자동조절을 하는 시스템이니까요. 그러나 앞서 말한 것처럼 임금이 올랐다고(노동에 대한 수요가 늘었다고) 갑자기 노동자들이 많은 아이를 낳고 이들을 속성으로 키워서 바로 납품하는 일은 일어날 수 없습니다. 그사이에 아마 여러 번의 경기 부침이 있을 겁니다. "산업전쟁이 일어나고 전투가 벌어져서 승패가 결정되는 기간이 여러 번 경과해야 할" 겁니다.[김, 869; 강, 867]

누구보다 자본가가 이런 방식을 허용하지 않습니다. 자연 인구를 늘리는 방식으로 노동력을 확보할 생각을 하는 자본가는 아무도 없을 겁니다. 마르크스는 1849년과 1859년 사이 영국 농업을 예로 들었는데요.[김, 869; 강, 867] 이 기간에 월트셔 같은 지역에서는 농업노동자들의 임금이 올랐습니다. 7실링에서 9실링 정도로요. 당시 자본가들은 임금이 28퍼센트 넘게 올랐다고 흥분했습니다. 마르크스에 따르면 사실 당시 임금 상승은 상당 부분 명목임금의 상승이었습니다(실질 구매력이 이만큼 오른 게 아니라는 말입니다). 그리고 상승률이 높은 것은 애초의 임금수준이 워낙 낮았기 때문입니다. 똑같은 2실링이 올라도 20실링에서 22실링으로 올랐다면 인상률은 10퍼센트입니다. 상승률이 뚝 떨어지는 거죠.

그건 그렇고 이렇게라도 임금이 조금 오른 것은 그럴 만한 사정이 있었기 때문입니다. 이 시기에 영국은 여러 곳에서 전쟁을 했습니다. 크리미아 전쟁(1853~1856), 중국 침략 전쟁(1856~1858, 1858~1860), 페르시아 침략전쟁(1856~1857), 인도 세포이 병사 반란 진압(1857~1859) 등등.[김, 869, 편집자주; 강, 1040, 편집자주 150] 여기에 철도, 광산, 공장 등지의 노동수요도 매우 컸습니다. 농촌 노동력의 유출 요인이 많았다는 말입니다.

농업 자본가들은 어떻게 대응했을까요. 임금이 올랐으니 노동자들이 아이들을 많이 낳을 것이고 그러면 다시 노동자들의 수가 증가하고 임금이 떨어질 것이라고, 인구의 증가를 마냥 기다리고 있었을까요. 그럴 리가 없지요. 농업 자본가들은 당장에 높은 임금을 낮추면서 노동력 부족을 해소할 수단을 찾았습니다. 바로 기계를 도입하는 겁니다.[김, 870; 강, 868] 농업이 기계화되자 문제가 단번에 해결되었지요. 농업 노동자들은 자연적으로는 전혀 증가하지 않았음에도, 아니 오히려 순유출이 있었음에도 넘쳐났습니다. 사람은 사람을 낳지 않았지만 기계가 사람을 낳았으니까요.

물론 임금이 오르면 노동자들이 모여들고 임금이 낮으면 노동자들이 떠날 겁니다. 하지만 이것은 노동자들의 자연 증가와는 다른 문제입니다. 마르크스는 경제학자들의 '아름다운 법칙'은 "임금의 일반적 운동을 규제하는 법칙", 다시 말해 "총노동력과 총자본 사이의 관계를 규제하는 법칙"과 "노동자인구를 개별 생산영역에 분배하는 법칙"을 혼동하고 있다고 지적합니다.[김, 870; 강, 868] 한 사회 노동인구 전체와 자본 전체의 규모, 말하자면 노동력의 총공급과 총수요는 임금 운동의 일반적 규제 원칙이 될 겁니다. 그러나 경제학자들은 노동자들이 자본 투자 상황에 따라 어떤 영역, 어떤 부문으로 몰려들고 떠나는 '특수한' 운동을 '일반적' 운동과 혼동하고 있습니다. 호경기에 어떤 분야의 이윤율이 높아지면 자본이 몰릴 겁니다. 자본이 늘어난 만큼 노동수요가 커지므로 임금이 오르겠지요. 노동자들이 몰려들 겁니다. 하지만 노동력이 포화 상태에 이르면 임금이 떨어질 것이고 어느 수준 이하가 되면 노동자들이 떠나겠지요. 이것은 노동인구의 절대적 증감과는 관계가 없습니다. 자본의 투자에 따라 노동인구의 배분이 바뀌는 것뿐입니다.[김, 870; 강, 868]

모든 시대는 자기 시대의 인구법칙을 갖는다고 했는데요. 이것이 바로 자본주의 시대의 인구법칙입니다. 인구의 운동은 자본의 운동에 결부되어 있습니다. 자본주의 시대의 과잉인구는 일자리에 비해 많은 인구, 즉 노동인구의 상대적 과잉으로 나타납니다. 고용되지 못한 채 먹을 것을 구하러 다니는 빈민의 형상을 하고 있지요. 이러한 인구 현상을 낳은 것은 노동자의 번식력이 아니라 자본의 번식력입니다. 자본축적이 가속화되고 이와 함께 자본구성이 변화하면서 대규모 잉여노동자들이 생겨난 것이지요. 그리고 이렇게 생겨난 잉여노동자들은 자본주의에서 산업예비군을 형성함으로써 자본축적을 돕는 매우 중요한 장치가 됩니다. 노동력의 수급을 조절하고, 노동강도와 임금수준을 조절하는 아주 효과적인 장치이지요. 이것이 자본주의에서 상대적 과잉인구 현상이 나타나는 이유이고 이들 과잉인구가 기능하는 방식입니다.

5

자본의 왕국

노동의 수요자인 자본은
노동의 수급을 조절하는 아주 효과적인 장치
곧 '산업예비군'을 가지고 있어
공급에도 관여합니다.
그래서 마르크스는 말합니다.
"이런 토대 위에서 노동의 수요공급법칙 운동은
자본의 전제정을 완성한다."
정치적 법률이 주권자의 이해를 반영하는 것처럼
경제적 법칙은 자본의 이해를 반영합니다.
자본주의에서는 자본이 주권자입니다.
자본주의는 자본을 위해 세팅된 나라,
자본축적에 최적화된 나라,
자본이 전제군주로서 통치하는
나라라고 할 수 있습니다.

폴 세잔, 〈카드놀이를 하는 사람들〉, 1894~1895.
자본가와 노동자의 자유롭고 평등하며 서로에게 이익이 되는 거래란 허구다.
대등한 두 사람이 주사위를 던지는데 왜 노동자에게는 자꾸 불리한 눈만 나오는가.
"주사위들은 위조되었다." 수요와 공급의 법칙은 위조된 주사위를 던져서 나온 것이며,
이건 주사위를 공정하게 한 번씩 던진다고 해결될 문제가 아니다.

산업예비군을 자본축적을 위한 조절 장치라고 했는데요. 본문을 읽어보면 마르크스가 산업예비군을 축적 장치, 착취 장치로서만이 아니라 지배 장치, 통제 장치로도 보고 있음을 알 수 있습니다. 노동자들의 임금만 낮추는 게 아니라 목소리까지 낮추게 한다는 거죠. 마르크스의 표현을 그대로 옮기자면, 불황기에는 "압박을 가하고", 호황기에는 "권리 요구에 재갈을 물립니다".[김, 870~871; 강, 868]

　○ 자본 왕국의 지배 법칙은 '방치를 통한 포획'

권리, 계약, 법(법칙)만 보는 경제학자들('아름다운 법칙'의 신봉자들)은 노동자들이 상품으로서 사용되는 노동과정에서는 물론이고 법적으로 대등한 주체로 간주되는 노동력 거래 과정에서도 제대로 목소리를 내지 못한다는 걸 모릅니다. 강력한 노동조합이 없는 경우에는 더욱 그렇지요. 노동일이 늘어나고 노동강도가 높아지고 임금삭감이 이뤄져도(특히 불황기에), 또 부당한 업무 지시를 내려도 이에 맞서 자신의 권리를 강하게 주장하기가 어렵습니다.

　왜 그럴까요. 자본가와 노동자의 계약이 어떤 배경에서 이루어지는지를 생각해야 합니다. 둘은 노동력의 판매자와 구매자로서 법적으로는, 권리상으로는 대등합니다. 하지만 이것은 이익이 걸려 있는 자와 생존이 걸려 있는 자의 거래입니다. 자본주의에서 노동자란 노동력을 파는 것 외에는 살길이 따로 없는 사람들입니다. 임금노동자는 노동력 판매에 겨우 성공한 사람들이지요. 그런데 이들 주변에는 노동력을 판매하지 못한 혹은 불완전한 형태로만 판매한 사람들이 있습니다. 실업자와 미취업자로 이루어진 노동력의 거대한 저수지가 해자처럼 이들을 둘러싸고 있지요. 수문만 열면 됩니다. 언제든 추가 노동력을 들여올 수 있고 언제든 잉여노동력을 빼낼 수 있습니다. 노동자들은 이런 상황에서 계약을 맺고 노동을 합니다. 노동력 판매 외에는 살길이 없다는, 노동자들의 생존조건을 환기시키는 산업예비군에 둘러싸인 채 말입니다.

　　마르크스의 문장을 볼까요. "상대적 과잉인구는 노동의 수요공급법칙이 작동하는 배경이다. 그것은 이 법칙의 작동 범위를 자본의 착취욕(Exploitationsgier)과 지배욕(Herrschsucht)에 절대적으로 부합하는 한계 안으로 밀어 넣는다."[김, 871; 강, 868] 산업예비군은 노동의 수요공급을 조절하는 장치인 동시에 수요공급의 법칙이 자본의 통제를 벗어나지 못하도록 만드는 장치, 그래서 자본의 착취욕만이 아니라 지배욕에도 부합하는 장치라는 겁니다.

　　나는 방금 산업예비군이 해자처럼 테두리를 형성하고 있다고 말했는데요. 그렇다면 현역노동자군은 그렇다 치고 산업예비군들은 왜 탈영을 하지 않는 걸까요. 정규군도 아니니 사실 탈영이라 할 것도 없는데 말이지요. 어차피 내쳐진 존재들이니 그냥 떠나면 될 것 같은데 왜 떠나지 않고 공장 주변에서 힘겨운 삶을 살아갈까요. 매우 역설적이지만, 이들이 매달리는 이유는 내쳐졌기 때문입니다.

앞서 자본축적과 더불어 노동자들의 축출 내지 추방이 일어난다고 했는데요. 나는 이 추방이 자본관계가 일반화된 뒤에 이루어졌다는 점을 강조했습니다. 즉 대다수 사람이 자본관계 안에서만 생존할 수 있는 역사적 상황이 만들어진 뒤에 기술적 구성의 변화와 함께 추방이 일어났다고요. 그러니 추방되어도 자본관계를 떠나 살 수는 없습니다. '내부에서 가장 바깥'으로 밀려날 수는 있어도 외부로 나갈 수는 없고, 내부로 들어갈 수는 없다 해도 '외부에서 가장 안쪽'으로 매달리게 되지요.

이처럼 내부와 외부가 맞닿은 곳, 내부와 외부가 뒤섞인 곳이 '주변'입니다. 산업예비군은 이곳에 있는 사람들입니다. 주변화된 노동자들이라고 할 수 있지요. 한편으로 이들은 분명 자본관계에 속하는 사람들입니다. 자본축적의 영향을 가장 강하게 받는 사람들이지요. 불황이나 공황이 닥칠 경우 정규군 노동자보다 훨씬 큰 타격을 입습니다. 그러나 다른 한편으로 이들은 자본관계 바깥에 있습니다. 개별적으로 어떤 자본가와도 고용관계를 맺고 있지 않습니다. 그래서 자본관계 안에 있을 때 제공받을 수 있는 삶의 안전망이 없지요. 자본관계를 떠나서는 살 수 없는 삶인데 자본관계를 통해 아무런 보장도 받지 못하는 삶인 것이지요.

자본축적과 더불어 노동자들의 추방이 일어나고 이들이 산업예비군을 형성한다고 했는데요. 이 추방은 공장 바깥으로 내모는 일이기는 합니다만 자본관계 바깥으로 몰아내는 것은 아닙니다. 자본관계 주변에 방치해둔다는 표현이 더 적절할 겁니다. 참고로 '방치하다'라는 뜻의 'abandon'에 포함된 'ban'은 로망스어(Romance languages)에서는 어원적으로 '배제하다'라는 의미와 함께 '마음대로 해도 좋다', '처분에 맡기다'라는 의미를 갖는다고 합니다.[44] 이는 '방치'가 관계 바깥에 두는(그래서 관계와 무관한) 것이 아니라 '배제하는 형태로 포함하는' 것, 마음대로 처분할 수 있는 형태로 관계 안에 두는 것이라고 할 수 있습니다. 마르크스가 산업예비군 즉 잉여노동자들의 처지를 묘사한 말 그대로입니다. "마음대로 처분할 수 있는 인간재료"(disponibles Menschenmaterial).[김, 862; 강, 861] 아무런 보호 장치 없이 삶을 파괴할 온갖 위험에 노출된 채로 불안정하고 위태로운 삶을 살아가야 하는 사람들이죠.

그런데 이런 상황이 이들 잉여노동자들로 하여금 자본관계에 더욱 밀착하게 만듭니다. 조르조 아감벤의 표현을 쓰자면 "삶을 방치함으로써 […] 삶을 붙든다"라고 할까요.[45] 자본의 추방(방치)이 아이러니하게도 잉여노동자들을 붙잡는 효과를 냅니다. 주변으로 내몰린 사람들은 살기 위해 필사적이 될 수밖에 없습니다. 내치는데도 매달리고 내치기 때문에도 매달립니다.[46] 주변이란 이처럼 밀어내는 힘과, 그 힘에 반작용하듯 달라붙는 힘이 균형을 이룬 곳입니다.

사실은 자본관계 내부에 있는(자본가와 고용관계를 맺은) 임금노동자에게도 불안이 있습니다. 그 불안은 잉여노동자

137

의 얼굴을 하고 있지요. 임금노동자는 언제든 잉여노동자가 될 수 있는 가능성 속에서 임금노동자입니다. 이 가능성이 임금노동자의 힘을 약화합니다. 고용관계는 법률상으로는 노동력의 판매자와 구매자 사이의 대등한 계약입니다만 실제로는 '갑을 관계'죠. 임금노동자들이 자본가에 대해 '을'의 위치에 설 수밖에 없는 이유는 그 곁에 '병'이 있기 때문입니다. 임금노동자들은 언제든 계약 바깥의 존재 '병'이 될 가능성을 품고 있기에 자본가와 대등한 '갑'이 될 수 없습니다.

이 점에서 우리는 임금노동자들이 잉여노동자들에게 보이는 다양한 방식의 거리두기 행동을 이해할 수 있습니다(비정규직이나 일용직 노동자들에 대한 차별대우를 당연시하는 일상적 행동부터, 불황이나 공황의 순간에 이들에 대한 정리해고를 먼저 요구하는 행동까지 다양합니다). 일종의 반(反)동일시 전략이지요. 이런 행동의 근저에는 잉여노동자들처럼 되는 것에 대한 두려움(그리고 이들처럼 되지 않은 것에 대한 안도감)이 있을 겁니다. 그러나 이런 식의 거리두기로는 악몽을 떨쳐낼 수 없습니다. '을'이라는 지위도 전혀 개선될 수 없고요.

사실 '을'이 '병'이 될 수 있다는 것이 꼭 '을'에게 부정적인 것만은 아닙니다. 잉여노동자들이 임금노동자들을 위협하는 자본가의 무기로만 기능하라는 법은 없지요. 만약 임금노동자들이 잉여노동자들(비정규직 노동자, 실업자, 미취업자)과 연대할 수 있다면, 다시 말해 자기 안에 있는 '그들일 수 있음'의 가능성을 적극적으로 받아들인다면 악몽은 선몽이 될 수도 있습니다. 노동자들이 연대해서 잉여노동자들 삶의 불안 정성과 위태로움을 줄일 방법을 찾는다면 그것은 임금노동자들의 일자리 상실에 대한 두려움을 줄이는 방법이기도 할 겁니다. 더 나아가 임금노동자들이 여물을 대가로 매번 노동을 착취당하는 역축 같은 자신들의 운명이, 굶주린 채로 공장 주변을 서성이는 잉여노동자들의 운명과 동일한 말뚝에 매여 있음을 깨닫는다면, 둘은 함께 해방을 꿈꾸는 동지가 될 수도 있겠지요. 물론 이것은 아주 어렵고 드문 길입니다. 모든 고귀한 것들이 다 그렇듯 말입니다.[47]

○ 운동장은 기울어져 있고 주사위는 위조되었다

기계제 대공업에 관한 장에서 우리는 기계가 잉여노동자들을 양산한다는 사실을 부인하는 학자들을 만난 적이 있습니다. 소위 '보상 이론'을 주장했던 사람들인데요(『자본의 꿈 기계의 꿈』, 126쪽). 이들은 생산과정을 기계제로 재편하는 과정에서 이런 일이 일어나기는 하지만 일시적이고 과도적인 것이라고 했습니다. 한편으로는 노동자들을 축출하지만 다른 한편으로는 고용을 창출한다고 부르짖었지요.

그때 마르크스는 이들 주장이 얼마나 엉터리인지를 충분히 보여주었습니다. 그런데 마르크스는 이제 이들의 주장이 얼마나 파렴치한지를 보여줄 때가 되었다고 말합니다.[김, 871; 강, 869] 자본구성의 변화가 어떻게 잉여노동자들의 축적을 낳는지, 그리고 자본이 이들을 자본축적에 어떻게 활용하는지를 이제 잘 알게 되었으니까요.

'보상 이론'의 주창자들은 노동자를 축출하고 그 돈으로 기계를 사면, 기계가 생산물 형태로 추가자본을 풀려나게 해준다고 했는데요. 생산성 증가로 늘어난 생산물, 즉 생산물 증가분이 추가자본 역할을 한다는 거죠. 생산성이 증대하면 생산물의 단가가 떨어진다는 걸 생각하지 않는 황당한 주장입니다. 게다가 자본이 풀려난다니요. 노동자를 고용하는 데 사용하던 돈으로 기계를 샀으니 그 돈은 새로 산 기계에 그대로 묶여 있겠지요. 자본의 구성만 바뀐 겁니다. 가변자본의 일부를 불변자본으로 옮겨놓은 데 불과하죠. 추가 투자 없이 가변자본만 줄였다면 고용도 그만큼 줄어들 수밖에 없습니다. 기계를 들여오면서 내보낸 노동자들을 다시 받아들일 수 없는 것은 물론이고 고용 규모가 줄어든 만큼 매년 신규 충원하던 규모도 줄어들 수밖에 없습니다. 마르크스의 표현을 쓰자면, 축출된 노동자도 시장으로 풀려나지만(공장에서 축출되지만) "보충 병력도 풀려나고", "규칙적으로 흡수되던 추가 병력마저 풀려나게" 됩니다.[김, 871; 강, 869]

마르크스는 '보상 이론'의 주창자들이 쓴 '묶는다'(binden), '풀려난다'(freisetzen)라는 표현을 희롱하듯 반복하는데요.[김, 871; 강, 869] '풀려난다'라는 것은 말 그대로 '자유로운 상태에 놓이는'(frei-setzen) 것입니다. 자본이 이런 말을 쓴다면 그것은 투자의 자유를 의미합니다. 새로운 곳에 투자할 여력이 생긴 것이죠. 하지만 노동자가 '풀려난다'라는 것은 노동력을 판매하기 위해 다시 시장에 나왔다는 뜻입니다. 다시 곤궁하고 위태로운 상황에 빠진 것이죠. 특별한 능력과 자격을 갖춘 노동자가 아니라면 이것을 해방이라고, 직업 선택의 자유가 찾아왔다고 말할 수는 없을 겁니다. 이것을 '자유'라고 불러야 한다면, 노동력이라는 상품의 역사적 출현과 관련해 말한 '이중의 자유' 중 두 번째 자유, 즉 '상실'로서의 자유라고 할 수 있습니다(『성부와 성자』, 123쪽).

물론 호황기나 활황기가 되면 여기저기서 자본이 몰려들 것이고 그만큼 노동에 대한 수요도 늘어날 겁니다. 하지만 일단 자본구성이 고도화된 뒤에는 자본이 몰려도 고용 유발 효과가 떨어집니다. 투자가 늘어도 고용이 그만큼 늘지 않지요. 이를테면 자본구성의 변화로 가변자본의 상대적 비중이 10배 줄어들면 전체 투자를 10배 늘려야 이전과 동일한 고용을 창출할 수 있습니다. 달리 말하면 자본이 10배 늘어나야 고용이 2배 늘어나는 겁니다. 투자가 정말로 크게 늘어나지 않는 한 기계화 과정에서 축출된 노동자들을 흡수하기는 어렵지요. 이는 호황기에도 잉여노동자 생산이 좀처럼 저지되지 않는다는 뜻입니다.[김, 871; 강, 869]

자본이 축적되면 노동에 대한 수요가 늘어나지만 이 과정에서 잉여노동자도 함께 생산되기 때문에(고용관계에서 풀려나는 노동자 수가 늘어나기 때문에) 노동의 공급도 함께 늘어납니다. 자본이 노동에 대한 수요자라는 것은 특별한 이야기가 아닙니다. 마르크스가 강조하는 것은 자본이 노동에 대한 공급자이기도 하다는 사실이지요. 노동자만이 아니라 자본도 노동을 공급하고 있다고요(자본은 잉여노동자를 공급합니다). 자본의 축적 규모에 비해 노동에 대한 수요가 작은 것은 자본 자신이 공급한 노동 때문입니다.

　게다가 자본은 나머지 노동수요에 대해서도 고용을 통하지 않는 다른 해법을 찾습니다. 더 많은 노동이 꼭 더 많은 노동자를 의미하는 것은 아니니까요. 고용을 늘리지 않고도 노동량을 더 얻을 수 있다면(이를테면 노동강도의 강화) 그것이 자본에 더 유리합니다. 실제로 산업예비군 축적은 정규군 노동자들로 하여금 더 많은 노동을 짜내도록 압박을 가합니다. 마르크스가 "노동에 대한 수요는 자본의 증대와 같은 것이 아니고, 노동의 공급은 노동자계급의 증대와 같은 것이 아니"라고 말한 것은 이런 이유입니다.[김, 872; 강, 869]

　다시 한번 '자본을 위한 최선의 세팅'이라는 말을 떠올리지 않을 수 없습니다. 자본축적은 잉여노동자들을 생산하고 이렇게 생산된 잉여노동자들이 다시 자본축적을 돕습니다. 지난 책에서 마르크스는 잉여가치를 추가자본으로 전환하는 데 필요한 추가 노동력이 알아서 공급된다며 이렇게 말한 바 있습니다. "자본주의적 생산 메커니즘은 그것을 위해 이미 마음을 써"두었다고요(『자본의 재생산』, 101쪽). 자본주의 생산 메커니즘 자체가 알아서 자본가에게 유리하게 돌아간다는 뜻이죠. 여기서도 마르크스는 똑같은 말을 합니다. 자본이 증가한 만큼 노동수요가 커지지 않도록 "자본주의 생산 메커니즘은 마음을 써둔다"라고요.[김, 871; 강, 869] 생산 메커니즘 자체가 노동자 공급을 늘려놓아서 자본가는 노동을 쉽고 저렴하게 구할 수 있습니다.

이것은 완전히 기울어진 운동장입니다. 자본가와 노동자는 대등한 주체로서 만나는 게 아닙니다. 자본이 노동의 수요와 공급 양쪽에 다 관여하니까요. 지난 책에서 마르크스는 자본가가 노동력에 대한 정당한 구매자(지불자)가 아님을 보여주었습니다. 전체 계급의 관점에서 보면 구매자인 자본가가 지불한 돈은 판매자인 노동자가 생산해서 건넨 것이라고요. 구매자가 판매자의 돈으로 판매자의 상품을 샀으니 거래라고 할 수 없지요. 비슷한 이야기를 노동의 수요와 공급에 대해서도 할 수 있습니다. 자본가와 노동자의 만남은 노동의 수요자와 공급자의 만남이 아닙니다. 자본은 노동에 대한 수요를 늘리는 동시에 공급도 늘리니까요.

자본가와 노동자의 자유롭고 평등하며 서로에게 이익이 되는 거래란 허구입니다. 대등한 두 사람이 주사위를 던지는데 왜 노동자에게는 자꾸 불리한 눈만 나오는가. "주사위들은 위조되었다"(Les dés sont pipés).[김, 872; 강, 869] 이게 마르크스의 답변입니다. 수요와 공급의 법칙은 위조된 주사위를 던져서 나온 것입니다. 바꾸어 말하면 기울어진 운동장에서 굴린 결과물이죠. 이것은 주사위를 공정하게 한 번씩 던진다고 해결될 문제가 아닙니다.

◦ '자본'이라는 전제군주

물리적 시공간이 중력에 의해 휘어지듯 부(가치)의 공간도 권력에 의해 휘어집니다. 공간이 휘어지면 직선운동도 곡선운동이 되지요. 빛의 경로가 휘는 것처럼 말입니다. 노동의 수요공급법칙에 대해서도 비슷한 이야기를 할 수 있습니다. 이 법칙은 그 자체로는 자명합니다. 노동의 수요와 공급에 따라 노동의 가격이 결정되겠지요. 부의 공간이 휘어 있지 않다면 균형점은 수요자인 자본가와 공급자인 노동자의 이익이 공평하게 나뉘는 곳에 위치할 겁니다. 그러나 자본주의에서는 그럴 수 없습니다. 자본가계급의 이익이 보장되는 곳에서 그 위치가 결정되지요. 불공정하다고요? 그렇지 않습니다. 법칙(법) 앞에서 두 계급은 평등합니다. 위치는 법칙에 따라 결정됩니다. 법칙이 결정하는 지점은 자본가계급의 이익이 보장되는 그곳입니다.

문제는 어디에 있을까요. 법칙은 노동의 수요량과 공급량만 고려할 뿐, 수요와 공급이 어떻게 이루어지는지 말해주지 않습니다. 노동의 수요자인 자본은 노동의 수급을 조절하는 아주 효과적인 장치(산업예비군)를 가지고 있어 공급에도 관여한다는 사실을 말해주지 않지요(더 근본적으로는 계급 간 권력의 비대칭성이 존재한다는 사실을 말해주지 않지요). 그러다 보니 법칙의 실현이 이익의 실현이 됩니다. 수요공급법칙이 자본의 이익 실현 법칙이 되는 거죠.

그래서 마르크스는 말합니다. "이런 토대 위에서 노동

의 수요공급법칙 운동은 자본의 전제정(Despotie)을 완성한다."[김, 872; 강, 870] 정치적 법률이 주권자의 이해를 반영하는 것처럼 경제적 법칙은 자본의 이해를 반영합니다. 주권자가 법률을 통해 통치하듯 자본은 법칙을 통해 증식합니다. 이렇게 말해도 좋겠습니다. 자본주의에서는 자본이 주권자입니다. 자본주의는 자본을 위해 세팅된 나라, 자본축적에 최적화된 나라, 자본이 전제군주로서 통치하는 나라라고 할 수 있습니다.

마르크스는 이전 책들에서도 여러 차례 자본이나 자본가를 전제군주처럼 묘사한 바 있습니다. 이를테면 노동과정을 분석할 때 마르크스는 자본가가 노동자를 처벌하는 '독자적 형법'을 갖고 있다고 했습니다(『생명을 짜 넣는 노동』, 110쪽). 공장은 자본가가 자신의 법으로 다스리는 곳, 즉 '그의 왕국'이라는 것이지요. 노동일에 관한 장에서는 한 공장주가 쓴 '우리'라는 표현을 과거 군주들이 자신을 지칭할 때 쓰던 표현에 비유했고요(『공포의 집』, 77쪽). 노동자들을 조직하고 지휘하는 자본가의 권한은 '전제적'이며 여기에서는 '전제정치'(Despotismus)가 작동한다고 했습니다(『거인으로 일하고 난쟁이로 지불받다』, 94쪽). 또 기계제 대공장을 분석할 때는 기계의 도입으로 여성과 아동까지 노동인구에 편입되면서 "자본의 전제정에 대항하던 매뉴팩처 남성 노동자들의 저항을 분쇄"할 수 있었다고 했습니다.[김, 544; 강, 544] 앤드루 유어의 표현을 빌려 공장을 군주와 신하들로 이루어진 궁정으로 묘사하기도 했고요(『자본의 꿈 기계의 꿈』, 95쪽).

그런데 이 이야기는 대체로 생산영역 즉 공장에 한정된 이야기였습니다. 하지만 지금 말하는 자본의 전제정은 사회 전체에 대한 것입니다. 공장의 체제를 지칭하는 말에서 사회의 체제를 지칭하는 말로 확장된 것이지요. 이 확장은 상당한 의미가 있습니다. 나는 이 시리즈 1권에서 자본주의 정치경제학을 '국가통치술이 된 가정관리술'이라고 했는데요(『다시 자본을 읽자』, 45쪽). 지금 말하는 자본의 전제정은 이것과 통하는 면이 있습니다.

전제군주(Despot)는 고대 그리스어 '데스포티코스'(despotikos)에서 온 말인데요. 데스포티코스는 '노예의 주인'을 가리킵니다. 노예는 '오이코스'(oikos)라고 하는 '가정'에 속합니다. 가정은 살림 공동체인데요. 노예 말고도 여성, 가축 등이 속해 있지요. 가정을 다스리는 사람, 살림살이의 책임자를 '오이코노미코스'(oikonomikos) 즉 '가장'이라고 부릅니다. 데스포티코스나 오이코노미코스는 크게 보아 모두 오이코스에 속한다고 하겠습니다. 이와 대비되는 영역이 '폴리스'입니다. 정치가 이루어지는 곳이지요. 오이코스가 생존과 번식, 생계, 자연의 영역이라면 폴리스는 언어와 행위, 자유의 영역입니다. 이 폴리스의 세계를 다스리는 사람을 '폴리티코스'(politikos) 즉 '정치가'라고 부릅니다.

아리스토텔레스는 『정치학』에서 폴리티코스를 데스포티코스와 혼동하는 사람들을 비판했는데요. 그에 따르면 이들은 오이코스와 폴리스의 차이를 알지 못하는 사람들입니다.[48] 둘은 '아르케'(archē) 즉 통치원리가 완전히 다릅니다. 폴리티코스는 자유민들을 통치하는 사람들이고, 데스포티코스는 노예들을 통치하는 사람입니다.[49] 그렇다면 전제정이란 무엇인가. 그것은 가정에서, 그것도 노예를 다룰 때나 쓰는 방식을 나라의 통치에 사용하는 정치체제입니다. 가장이 가정에서 독재 권력을 행사하듯, 더 좁혀 말하면 주인이 노예를 다루듯이 사람들을 통치하는 겁니다.

공장에서의 통치는 확실히 이런 면을 갖고 있습니다. 이전 책들에서 나는 노동과정에서 노동자의 비인격화가 일어난다는 점을 여러 차례 강조했습니다. 노동과정에서 노동자가 행하는 노동은 자본가가 구매한 상품의 소비과정이라고요. 그래서 노동자는 권리를 가진 온전한 인격체로 취급되지 않는다고 했습니다. 상품화 속에는 인격의 상실 내지 박탈이 들어 있다고 했지요. 고대 노예제사회에서 주인이 노예를 바라보는 방식이 그랬습니다. 노예는 인격체가 아닙니다. 자본주의에서는 그나마 원리상으로는 노동자 자체가 아니라 그의 능력 즉 노동력만 상품으로 간주됩니다만, 노예제사회에서는 원리상 인간 자체가 상품입니다. 즉 인간의 인격이 부인되는 거죠. 전제정이란 사람을 사람으로 보지 않고, 자신이 마음대로 부릴 수 있는 짐승 내지 사물로 보는 체제라고 할 수 있습니다. 자신의 이익을 위해 마음대로 처분할 수 있는 존재 말입니다.

젊은 시절 마르크스는 "전제정치에 들어 있는 유일한 사고는 인간멸시이고, 탈인간화된(entmenschte) 인간이며, […] 전제군주는 인간을 언제나 무가치한(entwürdigt) 존재로 바라본다"라고 했습니다. 전제군주에게 인간들 즉 백성이란 "그의 눈앞에서 그를 위해서 비천한 삶의 진흙탕에서 뒹굴고 마치 개구리들처럼 항상 거기서 튀어나오는" 존재들이라고요.[50] 전제정의 원리가 인간의 탈인간화(동물화, 사물화)에 있다고 본 겁니다. 『자본』을 쓸 때도 전제정에 대한 생각이 크게 바뀌지는 않았을 겁니다. 그는 이런 전제정의 원리가 구현된 것이 자본주의 공장이고 이것이 다시 자본주의사회 전체로 확장되었다고 본 것 같습니다.

물론 자본의 전제정에서 군주는 특정 개인이 아닙니다. 굳이 인격적 형태로 말해야 한다면 총자본의 인격적 표현인 총자본가 정도가 되겠지요. 이 전제군주에게는 아첨하는 신하들이 있습니다. 바로 정치경제학자들입니다. 마르크스의 말을 옮기면 이렇습니다. 노동자들이 전제정의 비밀을 깨닫는 순간, 즉 자신들이 더 많은 부를 생산하고 자신들의 생산력이 더 증대할수록 자본의 가치증식 수단으로서의 기능은 취약해진다는 것(점점 더 취업이 어려워진다는 것)을 깨닫는 순간, 그리고 노동자들 사이의 경쟁의 강도가 상대적 과잉인구의 압력에 달려 있다는 것을 깨닫고는 노동조합 등의 조직을 통해 취업자와 실업자의 연대를 모색하는 순간, 그래서 자본주의적 생산의 법칙이 자신의 계급에 초래하는 파멸적 결과를 분쇄하거나 약화하려고 하는 순간, "자본과 그의 아첨꾼인 정치경제학자들은 '영원한' 그리고 이른바 '신성한' 수요공급의 법칙을 침해했다고 고함을 지"릅니다.[김, 872; 강, 870] 노동자들이 노동시장을 교란한다는 거죠.

마르크스가 정치경제학자들을 가리키면서 쓴 '아첨꾼' (Sykophant)이라는 표현은 고대 그리스어 '시코판테스'(syko-phantēs)에서 온 것인데요. 고대 그리스에서는 이익을 얻을 요량으로 부당한 고발을 일삼는 사람을 그렇게 불렀습니다. 의미가 조금씩 변해 이제는 권력자에게 아첨하고 밀고하면서 이득을 챙기는 존재들을 가리키게 되었지요. 각종 미디어를 통해 노동자들의 단체행동이 시장 질서를 교란한다고 비난하는 정치경제학자들의 행태에 잘 맞는 표현입니다.

노동자들의 연대가 노동의 수요공급법칙을 교란한다고 했는데요. 학문적으로는 '법칙의 교란'이지만 정치적으로는 '법률의 위반'이라고 할 수 있습니다. 서구에서 노동자의 단결은 오랫동안 범죄로 처벌받았습니다. 마르크스에 따르면 "노동자들의 단결은 14세기부터 단결금지법이 폐지된 1825년까지 중범죄"였습니다.[김, 1012; 강, 993] 노동자의 단결권에 대한 인정이 이렇게 늦어진 것은 그만큼 자본의 이익에 미치는 영향이 컸다는 뜻이지요.

자본가들은 노동자들에게 법과 질서를 강조합니다. 작업장에서는 규율을, 시장에서는 법칙을, 사회에서는 법률을 강조하지요. 하지만 언제나 그런 것은 아닙니다. 법(칙)의 준수에는 전제가 있습니다. 바로 주권자인 자본의 이익을 침해해서는 안 됩니다. 법이란 주권자의 말입니다. 만약 현행법이 주권자를 제약한다면 주권자는 언제든 그 법을 폐지할 겁니다. 주권자에게는 입법의 권리가 있으니까요. 주권자는 모두가 복종할 법을 만들지만 그 자신은 법에 구속되지 않는 존재입니다.[51] 공황이 닥치면 시장의 신성한 법칙에 맡겨두지 않습니다. 정부가 공적 자금을 투입해서 채무도 탕감해주고 중앙은행이 적극적으로 통화량 조절에도 나서지요. 이때는 자본가도, 정치경제학자도 시장의 자율에 맡겨두라는 말을 절대로 하지 않습니다.

노동의 수요공급법칙과 관련해서도 자본은 언제든 강제수단을 동원하는데요. 마르크스는 자본주의적 생산양식이 자리 잡지 못한 식민지에서 이런 일이 일어난다고 말합니다. 자본은 "식민지들에서 불리한 여건으로 말미암아 산업예비군의 창출과 자본가계급에 대한 노동자계급의 절대적 예속이 방해받을 때는 곧바로 [⋯] '신성한' 수요공급의 법칙에 반기를 들고 강제수단을 통해 그 법칙에 개입하기도" 한다는 겁니다. [김, 872; 강, 870][마르크스의 이 말은 에드워드 G. 웨이크필드(Edward G. Wakefield)의 '체계적 식민'에 대한 이야기를 염두에 둔 것인데요. 다음 책에서 그 내용을 살펴볼 겁니다].

마르크스는 1848년 혁명 당시에도 이와 비슷한 걸 목격했습니다. 혁명 당시 부르주아들은 법과 질서를 외쳤습니다. 혁명 이후 계급투쟁의 과정에서 권력을 장악한 프랑스의 지배 분파 이름이 '질서파'였을 정도입니다. 이들은 1850년 3월 10일 의회 보궐선거에서, 이미 불씨까지 다 꺼졌다고 생각한 사회주의 후보가 승리하자 아예 보통선거권 자체를 없애버렸습니다. 그때 질서파는 이렇게 말했습니다. "우리를 질식시키는 합법성의 쇠고리를 끊어버려야 한다." 자신들이 권력을 장악하는 통로였던 보통선거를 혁명 이후 그렇게 간단히 없애버린 겁니다. 자신들의 집권을 정당화해준 법률이 자신들의 지배에 손상을 입히는 순간 폐지해버린 것이지요. 헌법은 체제의 근간이지만 체제를 수호하기 위해서는 헌법을 어겨야 한다는 논리였습니다. "더 이상 부르주아지 지배를 뜻하지 않게 되는 순간 헌법에 무슨 의미가 있느냐"라고요. 마르크스는 여기서 '부르주아 독재'(Bourgeoisdiktatur)를 보았습니다.[52] 법을 중지시키는 권력을 본 것이지요. 그리고 이 권력이 사실은 법이 작동할 때도 법의 효력을 떠받치고 있음을 깨달은 겁니다. 법을 벗어나서가 아니라 법을 통해서 작동하는 법 너머의 권력이라 할까요.

앞서 언급한 '자본의 전제정' 내지 주권자로서 자본은 이 '부르주아 독재'의 경제적 판본이라 할 수 있습니다. 말하자면 '자본의 전제정'은 '자본 독재'의 다른 이름이라고 하겠습니다. 자본주의란 자본 주권, 자본 독재가 관철되는 곳입니다 [물론 '전제정'과 '독재'라는 말의 위상은 조금 다릅니다. 마르크스에게 '전제정'은 여지없는 비판의 대상이지만, '프롤레타리아트 독재'라는 말에서 보듯 '독재'는 때로는 투쟁의 전략으로서, 때로는 과도적 지배형태(거버넌스)로서 긍정하는 대목이 있습니다].

○ 자본권력 아래서 잉여노동자는 어떤 형태로 존재하는가
절대적 권력이란 절대적 무력(無力)과 호응합니다. 무엇이
든 할 수 있는 군주의 힘은 아무것도 할 수 없는 신민의 무력
과 호응하지요. 나는 개인적으로 주권의 비밀을 주권자에게
서 찾기보다 신민에게서 찾습니다. 절대적 권력자는 어디선
가 권력을 발견했거나 누군가에게 그 권력을 선사받은 사람
이 아닙니다. 그의 권력은 신민이 된 사람들에게 일어난 어떤
사태, 이들을 무기력하게 만든 어떤 사태의 출현과 관련이 있
습니다.

아무것도 할 수 없는 상태로 사람들이 내던져질 때 이들
에게 무엇이든 할 수 있는 권력자가 출현합니다. 마르크스가
앞서 사용한 표현을 다시 쓰자면 사람들이 '마음대로 처분할
수 있는 인간재료'로 전락할 때, 이들을 마음대로 다루는 권
력자의 출현이 가능해지지요. 마르크스는 이 표현을 상대적
과잉인구에 대해 썼지만, 근본적으로는 노동자들 일반이 자
본주의에서 지닐 수밖에 없는 성격이고, 노동자들(상품으로서
노동력)의 탄생 배경이라 할 수 있습니다(자본주권의 탄생과 노
동력의 탄생이 어떻게 맞물리는지에 대해서는 다음 책에서 다루겠습
니다).

따라서 잉여노동자들에 대한 마르크스의 언급을 임금노
동자들과는 다른 존재들에 대한 언급으로 받아들이면 안 됩

니다. 주변, 경계, 테두리를 따라가면 사물의 윤곽선을 얻을 수 있습니다. 잉여노동자들은 노동자들이 어떤 존재인지를 알게 해주지요. 잉여노동자들은 자본관계의 주변에 존재하는 노동자들이지만 어떤 점에서는 자본관계 내부에 있는 노동자들보다 노동자에 대해 더 잘 말해줍니다. 잉여노동자들의 존재 양태는 노동자 일반이 역사적 발생기에 보여준 것이기도 하고, 현재 끊임없이 양산되는 것이기도 하며, 자본주의가 존속하는 한, 다수의 노동자들이 미래에 처하게 될 자리이기도 합니다. 이번 책에서 다루는 『자본』제23장의 내용 대부분이 잉여노동자들에 관한 것인데요. 제23장의 첫 문장이 '노동자 계급의 운명'이었다는 사실을 잊지 말아야 합니다.

자본주의에서 잉여노동자들은 어떤 형태로 존재하는가. 산업 순환의 국면에 따라, 다시 말해 공황이나 불황인가, 아니면 호황인가에 따라 많이 달라질 겁니다. 마르크스에 따르면 이런 국면상의 전환을 고려하지 않는다면 잉여노동자들은 크게 세 형태를 취한다고 볼 수 있는데요. 유동적(flüssige) 형태, 잠재적(latente) 형태, 정체적(stockende) 형태가 그것입니다. [김, 873; 강, 871]

먼저 유동적 형태로 존재하는 잉여노동자들을 볼까요. 이들은 고용 상태가 불안정하거나 실업 상태에 있는 노동자들(비정규직 내지 실업자들)입니다. 임금노동자이거나 임금노동자였지만 그 지위가 매우 유동적인 사람들이라고 할 수 있지요. 지금도 그런 측면이 있지만 당시에는 청소년과 여성 노동자에게서 이런 형태가 많이 나타났습니다. 마르크스는 오랫동안 일할 수 없는 업종에 어린 노동자들과 여성 노동자들이 대거 고용되는 점을 지적했습니다. 그리고 생산과정의 전환과정에서 뒤처진 중년의 노동자들도 이 대열에 합류하고 있다는 점을 언급했고요.[김, 873~874; 강, 871~872]

　다음으로 잠재적 형태의 잉여노동자들이 있는데요. 이들은 아직 노동자라고는 할 수 없는 사람들입니다. 언제든 노동자로 전환될 수 있는 사람들, 잠재적 노동자들이라고 할 수 있지요. 대표적 예가 농민입니다. 마르크스의 말처럼 자본축적이 진행되고 농업에까지 자본주의적 생산이 자리를 잡으면 기술적 구성이 높아질 테니 농민들이 잉여노동자화되는 면이 있겠습니다만 사실은 그보다 먼저 자본주의 발전을 위한 농촌의 피폐화가 먼저입니다. 공장에 풍부한 노동력을 공급하고 노동력의 가치를 떨어뜨리기 위해 국가가 농촌의 피폐화를 방조하거나 심지어 유도하는 정책(이를테면 인위적 저곡가 정책)을 펴는 겁니다. 그러면 더는 농촌에서 살 수 없게 된 사람들이 대거 도시로, 공장으로 이동해 과잉 노동인구를 형성하는 거죠. 이런 상황에서 농업의 기계화가 나타나면 노동인구의 배출이 가속화됩니다.

　세 번째는 정체적 형태의 잉여노동자들인데요. 방금 말한, 농촌에서 도시로 떠나온 사람들이 여기 속하는 경우가 많습니다. 그저 맨 몸뚱이로 상경한 사람들 말입니다. 이들은 숙련된 기술을 필요로 하지 않는 작업장, 임금도 낮고 고용도 불안정하고 무엇보다 작업환경이 생명을 위협하는 곳들로 몰려듭니다. 기계제 대공장에 중간제품을 납품하는 가내수공업이나 매뉴팩처 작업장들이지요. 마르크스는 '도살장'으로 불리던 런던의 인쇄소나 봉제공장 같은 곳을 예로 들었는데요(『자본의 꿈 기계의 꿈』, 160~163쪽). 한국의 경우에도 1960~1970년대에 농촌을 떠나온 많은 사람이 가발공장, 봉제공장 등으로 몰려들었습니다. 지금도 많은 개발도상국에서 그렇고요. 이들은 농촌에서 충원되기도 하지만 기계제로 산업이 재편하면서 몰락한 영세업체에서도 충원됩니다. 일감이 많을 때는 잠시 고용되었다가 없을 때는 바로 계약이 해지되는 사람들입니다.

이들은 단순노동을 수행하는 노동자들이라 이런 삶의 형태에서 벗어나는 게 사실상 불가능합니다. 마르크스가 '정체'라는 표현을 쓴 것은 이 때문이지요. 한번 여기에 갇히면 노동자 자신도 그렇고 자식들도 그렇고 좀처럼 벗어나기가 어렵습니다. 자본의 처분에 가장 취약한 대상이기도 하지요. 마르크스는 이들을 "개별적으로 허약해서 몰이사냥 대상이 되는 동물류"를 연상시킨다고 했습니다.[김, 876; 강, 874] 자본주의는 이렇게 쉽게 잡아먹을 수 있는 짐승들을 크게 늘리고 있다고요.

그런데 이런 세 형태 말고도 한 가지 형태가 더 있습니다. 이 세 형태는 어떻든 노동인구에 속합니다. 크게 보아 노동자계급이라 할 수 있지요. 그런데 여기에서도 탈락하는 사람들이 있습니다. 마르크스가 "상대적 과잉인구의 가장 밑바닥에 있는 침전물(Niederschlag)"이라고 부르는 사람들이지요.[김, 877; 강, 874] 일부 노동능력을 갖춘 사람도 있지만 대부분은 구호 대상에 속합니다.

1820~1830년대 영국에서 대대적 '구빈법' 개혁이 있었는데요. 이전에 빈곤층에게 제공하던 원조를 구빈원 입소자로 한정하는 조치들이 취해졌습니다. 그런데 19세기 구빈원은 이전 시대의 구빈원과 다릅니다. 더는 노동자를 길러내는 장치가 아닙니다. 노동자가 그 지위를 잃었을 때 어떻게 되는지를 일깨워주는, 다시 말해 공장 노동자를 위협하는 아주 비참한 공간이었습니다. 정말로 당장 죽게 생긴 사람 아니고는 결코 들어가고 싶어하지 않는 공간이었지요. 지그문트 바우만(Zygmunt Bauman)에 따르면 "구빈원 담벼락 안에서 흘러나오는 소식이 끔찍할수록 공장 노동자들의 예속은 자유처럼 느껴지고 그 비참함은 일말의 행운과 축복처럼 여겨졌"습니다.[53]

그런데 이들도 자본관계와 무관하지 않습니다. 자본의 축적에 기여하지는 못하지만(오히려 관리 비용이 든다는 점에서 축적에 일정한 손실을 입히지요), 자본의 축적과정에서 상대적 과잉인구와 함께 생산되는 사람들입니다. 마르크스는 이들을 "현역노동자군의 상이군인 수용소이자 산업예비군의 바닥무게(tote Gewicht)"라고 했는데요.[김, 877; 강, 874] 산업예비군에서 노동자로 활용할 수 있는 사람들을 제외하고 난 무게라는 뜻입니다. 산업예비군이 생산되면 이들의 바닥층을 이루는 사람들도 함께 생겨납니다. 비유하자면 면사공장에서 생겨나는 낙면 같은 존재입니다. 생산과정에서 생산될 수밖에 없는, 그러나 생산에 다시 투입할 수는 없는 부산물이죠. 생산조건에 속해 있어 없앨 수 없는, 그러나 자본에게는 무가치한 인간생산물입니다. 마르크스가 그토록 미워했던 제러미 벤담은 빈곤층을 '쓰레기'로 불렀다는데, 그 적나라한 표현을 그대로 가져와 쓴다면 자본축적 과정에서 생겨난 '인간쓰레기'라고도 할 수 있겠네요.[54] 마르크스에 따르면, 이들 빈민은 불가피한 낙면처럼 "공비(空費, faux frais) 처리"가 됩니다. 가급적 처리 비용도 내지 않으려 하지요. 비용을 빈민들 "자신이나 노동자계급, 하층 중간계급에게 전가"합니다.[김, 877; 강, 875] 19세기 이야기만도 아니지요. 구호 대상 빈민들을 사회의 짐짝 내지 세금을 축내는 기생충처럼 공격하는 것은 오늘날에도 흔히 볼 수 있는 풍경입니다.

마르크스는 지금까지의 이야기에 대해 이렇게 말합니다. "이것이 바로 자본주의적 축적의 절대적이고 일반적인 법칙이다."(문장 전체에 강조 표시를 했습니다)[김, 878; 강, 875] 자본주의가 발전하면 '사회적 부'도 커지고 '기능 중인 자본'도 커집니다. 자본축적이 가속화되고 이에 따라 프롤레타리아트의 절대적 크기가 커지면 그와 함께 산업예비군 규모도 커집니다. 자본축적에 가속을 붙이는 원인이 자본의 자유로운 처분에 내맡겨진 노동력까지 키워주는 겁니다. 그리고 산업예비군이 늘어나면 그 밑바닥을 이루는 빈민들도 늘어납니다. 바로 이것이 자본주의적 축적의 '절대적이고 일반적인 법칙'이라는 겁니다.

물론 마르크스는 이 법칙의 "실현과정은 다양한 요인에 의해 변형"될 것이라고 했습니다. 점쟁이처럼 미래에 이런 일이 일어날 거라고 예언하는 게 아닙니다. 이 경향은 변형될 수도 있고 저지될 수도 있지요. 그렇다면 왜 절대적이고 일반적인 법칙이라고 부르는가. 데이비드 하비(David Harvey)에 따르면 마르크스의 "일반법칙은 자유로운 시장과 자유주의적 이상이 만일 실행된다면 우리를 어디로 데려갈 것인지를 명확히 보여"줍니다.[55] 자본주의에는 이런 경향이 절대적으로, 그리고 일반적으로 내재해 있다는 뜻이지요.

o 자본에 결박된 노동자계급의 운명

상대적 과잉인구의 존재 형태에 대한 언급을 마친 뒤 마르크스는 그동안 살펴본 노동자들의 비참한 운명을 한 단락으로 요약하고 있는데요(이 단락은 분량이 거의 한 페이지에 달하는 제법 긴 내용입니다). 자본이 노동자들에게 저지른 범죄를 규탄하는 연설문 같기도 하고, 심판의 법정에서 자본을 고발하는 기소문의 요약본 같기도 합니다.[김, 878~879; 강, 876~877]

마르크스는 격정적인 문체로 분노를 표출하고 있습니다. "우리는 보았다"(Wir sahen)로 시작하는 단락인데요. 우리는 무엇을 보았는가. 우리는 노동의 사회적 생산력이 개별 노동자들의 희생을 통해 발전한다는 것을 보았습니다. 생산력을 높이는 모든 수단이 생산자인 노동자들을 지배하고 착취하는 수단으로도 이용된다는 것을 보았지요. 우리는 노동생산력을 높이는 과정에서 노동자가 '부분인간'(Teilmenschen)이 되고 '기계부품'(Anhängsel der Maschine)이 된다는 것을 보았습니다. 이 과정에서 노동자의 노동은 껍데기 노동, 즉 내용은 사라지고 고통만 가득한 노동이 되었고, 정신적이고 지적인 측면이 기계 속으로 들어감으로써 노동자의 정신은 노동과정에서 소외될 수밖에 없었습니다. 한마디로 우리는 생산력을 높이는 과정에서 노동자의 정신과 신체가 어떻게 '불구화'(verstümmeln)되는지를 보았습니다.

또한 우리는 보았습니다. 노동생산력을 높이는 온갖 방법과 수단이 노동조건을 악화하고, 무엇보다 노동과정에서 자본의 '비열하고 가증스러운 전제정'에 노동자들을 굴복시킨다는 것을 보았습니다. 그뿐 아니라 그것들이 노동자들의 소중한 삶의 시간을 노동시간으로 전환시키고, 그들의 아내와 아이들까지 자본이라는 '저거노트 수레바퀴'(Juggernaut-Rad) 밑으로 던져 넣는다는 것을 보았습니다.

그리고 우리는 보았습니다. 자본축적이란 이 모든 일의 영원한 반복이라는 것 말입니다. 또 잉여가치를 생산하는 모든 방법, 노동자들을 큰 고통 속으로 몰아넣은 그 모든 방법이 축적의 방법이라는 것도 보았습니다. 축적 방법의 발전은 축적의 규모를 키우고, 축적의 규모가 커지면 축적 방법이 더욱 발전합니다. 또 자본축적과 더불어 자본가계급과 노동자계급의 격차가 커진다는 것도 보았습니다. 설령 절대적 차원에서는 임금이 오른다고 해도 상대적 차원에서는 그렇지 않다는 것을 알게 되었지요.

또 우리는 보았습니다. 자본축적과 함께 잉여노동자들 즉 산업예비군 또한 늘어난다는 것을 말입니다. 자본은 이들 산업예비군을 언제나 자본축적의 규모와 활력에 맞게 유지합니다. 이것은 하나의 법칙으로 작동합니다. 이 법칙은 "헤파이스토스의 쐐기가 프로메테우스를 바위에 결박한 것보다 더 단단히 노동자를 자본에 결박합"니다.[김, 879; 강, 876]

결국 우리는 알게 되었습니다. 자본주의가 존속하는 한 노동자는 이 운명에서 도무지 벗어날 수가 없습니다. 노동자는 자본이 박아놓은 말뚝에 꼼짝없이 매여 있는 역축입니다.

∘ 부의 축적과 빈곤의 축적

중요한 것은 이 모든 비참이 자본의 축적과 함께 일어난다는 사실입니다. 사회의 부가 줄어들면서 생긴 일이 아니라 사회의 부가 늘어나면서 생긴 일이라는 것이지요. 정치경제학 공부에 나선 청년 마르크스와 엥겔스가 던졌던 물음이 이것이었습니다. 왜 가치를 생산하는 자가 가난한가. 그것도 더 많은 가치를 생산할수록 왜 그는 더 가난해지는가. 왜 가장 큰 부를 소유한 영국에 가난한 국민이 가장 많은가. 어떻게 부의 증대가 동시에 빈곤의 증대를 의미할 수 있는가(『다시 자본을 읽자』, 59쪽).

이제 우리는 그럴 수밖에 없다는 것, 이것은 자본주의적 생산의 절대적이고 일반적인 법칙이라는 것, 이 경향을 제어하는 노력이 없는 한 반드시 나타날 수밖에 없는 경향이라는 것을 압니다. 마르크스는 말합니다. "이 법칙은 필연적으로 자본축적에 따른 빈곤의 축적을 낳는다. 그러므로 한쪽 극에서의 부의 축적은 동시에 반대편 극, 즉 자신의 생산물을 자본으로 생산하는 계급 편에서의 빈곤, 고통스러운 노동, 노예 상태, 무지, 포악, 도덕적 타락의 축적이 된다."[김, 879; 강, 876~877] 마르크스가 부의 양극화만 지적하는 게 아님을 알 수 있습니다. 노동자계급은 빈곤과 과로에 시달리면서 이로 인한 정신적·심리적·지적·도덕적 병리 현상을 겪습니다. 자본주의적 부의 생산은 빈곤만 생산하는 게 아니라 정신적 질병을 생산하고, 무지를 생산하고, 폭력을 생산하고, 범죄를 생산한다는 거죠.

앞서도 말했지만 이러한 비참은 생산물의 분배가 잘못되어서 생긴 문제가 아닙니다. 이것은 노동력의 상품화로부터 시작해 자본주의적 생산의 조건 속에 들어 있는 것입니다. 자본주의적 생산이 가능하기 위해서는, 자본축적이 가능하기 위해서는 이런 비참이 필요합니다.

마르크스는 이 점을 부르주아 정치경제학자들이 모르지 않았다고 말합니다. 이를테면 '18세기의 위대한 경제학 저술가' 오르테스(Ortes)는 "한 나라의 부는 그 나라의 인구에 비례하며, 한 나라의 빈곤은 그 부에 비례한다"라고 했습니다. [김, 880; 강, 877] 부와 빈곤의 관계가 반비례가 아니라 비례라는 것을 알아차린 거죠(다만 그는 이를 당대 자본주의사회에 고유한 현상이 아니라 일종의 '자연법칙'으로 잘못 생각했습니다). 그래도 마르크스에 따르면 오르테스는 이런 통찰을 '기독교적 자선'의 필요성과 연결시켰습니다. 그는 성당이나 수도원이 존재하는 이유가 여기에 있다고 보았습니다. 부가 증가할수록 빈곤도 늘어날 수밖에 없다면 성당이나 수도원이 빈민들을 도와야 한다는 거죠.[김, 881~882; 강, 878~879]

프로테스탄트교 목사였던 타운센드(Townsend)는 '아주 난폭한 방식으로' 부의 생산에 빈곤이 필요하다는 주장을 폈습니다. 그에 따르면 노동을 강제함에 있어 굶주림은 법률보다 훨씬 효과적인 수단입니다. 굶주림은 노동에 대한 "평화롭고 조용하며 멈춤이 없는 압력"이며 "가장 자연스러운 동기"를 형성해줍니다.[김, 880; 강, 878] '염소'(빈민)를 더 건강하게 만들기 위해서는 '사나운 개'(빈곤)이 필요하다는 게 그의 생각이었지요(『다시 자본을 읽자』, 57쪽).

마르크스에 따르면 "결국 만사는 노동자계급의 굶주림을 영속화하는 것에 달려 있다"라고 본 타운센드는 오르테스와는 정반대 결론에 이릅니다. 오르테스는 빈곤이 영속화될 것이므로 자선이 필요하다고 했지만, 타운센드는 빈곤의 영속화가 필요하므로 빈민들에게 공적 부조를 제공하면 안 된다고 주장했지요. 이것이 그가 구빈법에 반대하는 이유였습

니다.[김, 881~882; 강, 878]

마르크스는 이외에도 슈토르히(Storch), 시스몽디(Sis-mondi), 드 트라시(de Tracy) 등을 인용하고 있습니다. 모두가 사회적 부의 증대와 대중의 빈곤이 나란히 나타난다는 사실을 지적했습니다. 마르크스가 '냉혈동물 같은(fischblütige) 부르주아 이론가'라고 부른 드 트라시는 이렇게 말했습니다. "가난한 나라는 인민이 잘사는 나라이고, 부유한 나라는 인민이 대체로 가난한 나라다."[김, 883; 강, 880]

이들만이 아니라 19세기 영국의 많은 사상가가 이 같은 생각을 가졌습니다.[56] 당시 거대한 사회현상으로 등장한 빈곤을 자본주의가 낳은 비참으로 보기보다 사회 발전과 자본축적에 필요한 조건으로 보았지요. 그야말로 온갖 형태의 빈곤 효용론이 나왔습니다. 앞서 살펴본 맬서스도 그랬지만 이들 대부분은 평등주의 사상을 혐오했습니다. 평등주의자들은 정치경제학의 법칙(자연법칙)에 따라 고통받을 운명을 가진 빈민들을 구제한다면 오히려 그것이 사회 전체를 파멸로 이끌어간다고 주장했습니다.[57]

마르크스는 너무 파렴치하다고 생각했을 겁니다. 노동자계급을 비참한 운명으로 내몬 것도 모자라 빈곤의 효용을 늘어놓다니요. 이것은 16세기 말 엘리자베스 여왕이 잉글랜드를 한 바퀴 돌아본 뒤 "빈민이 도처에 널려 있다"(Pauper ubique jacet)라며 한탄했던 것과는 완전히 다릅니다. 여왕은 최소한 자신의 나라에 만연한 빈곤을 창피하게 생각했습니다. 그래서 1601년 구빈세(poor rate)를 도입했습니다. 당시 법령을 작성한 이들은 이 법을 만들어야만 하는 이유를 차마 밝힐 수가 없어(너무 부끄러웠으니까요) 전문(前文)도 부치지 않은 채 공포했다고 합니다.[김, 988~989; 강, 971~972] 그나마 염치는 있었던 거죠.

6

자본축적의 일반법칙이
지배하는 현실

어떻게 노동인구가 과잉인 곳에서
노동력이 모자란다며 작업단을 만드느냐고
묻는 것은 우스꽝스럽습니다.
노동인구의 과잉이 작업단의 탄생 배경이니까요.
어떻게 '믿기 어려울 정도로'
부가 축적되는 사회에서 빈민들이
넘쳐나느냐고 묻는 것은 우스꽝스럽습니다.
부를 축적하는 원리가
빈민을 축적하는 원리니까요.
사실 두 극은 하나입니다.
막대자석을 두고 N극이 이렇게 강한데
어떻게 S극도 이렇게
강할 수 있느냐고 물으면 이상하겠지요.
이것이 자본주의입니다.
이것이 자본축적의 일반적 법칙입니다.

바르톨로메 에스테반 무리요, 〈거지 소년〉, 1645~1650.
천년왕국이 도래한 것은 맞다. 다만 그것은 자본가들의 천년왕국이었다.
극빈층은 전혀 줄지 않았다. 정치인 글래드스턴은 노동자계급에게 훈계하듯 말했다.
"인생이란 십중팔구 생존을 위한 투쟁일 뿐입니다."
빈곤을 적자생존의 결과인 것처럼 포장하면서 빈곤을 자연화한 것이다.

『자본』제23장의 마지막 절은 '자본주의적 축적의 일반법칙에 대한 예증'이라는 제목을 달고 있습니다. 앞서 말한 축적의 일반법칙을 현실에서 확인해보자는 거죠. 자본축적이 가속화될수록 상대적 과잉인구가 생산되고, 상대적 과잉인구의 생산은 노동자들의 삶을 더욱 궁핍하게 만들고 빈민들을 양산한다고 했는데요. 정말로 부의 축적을 가속화하는 원리가 빈곤의 축적 또한 가속화하는지 영국의 사례로 검증해보는 겁니다.

○ 부의 축적이 곧 빈곤의 축적인 현실에 대한 증언

이 마지막 절은 우리말 번역본 기준으로 거의 100쪽에 가깝습니다. 이처럼 『자본』 I권에서 유독 많은 지면을 차지하는 세 개의 장이 있습니다. 하나는 '노동일'에 관한 장이고, 다른 하나는 '기계제 대공업'에 관한 장이며, 마지막은 바로 여기 '자본축적의 일반법칙'을 다루는 장입니다. 이들 장의 공통점은 〈공장감독관 보고서〉, 〈공중위생 보고서〉, 〈아동노동위원회 조사 보고서〉 등을 많이 인용한다는 겁니다. 이 문서들에는 현장을 조사한 감독관들의 말이 담겨 있습니다. 그리고 이들의 말에는 노동자의 말이 '말 속의 말' 형태로 담겨 있습니다. 직접인용을 통한 간접인용이라고 할까요(물론 우리는 누군가의 처지를 다른 사람의 말로 들을 때 생겨나는 문제들에 대해서도 유념해야 합니다. 『공포의 집』, 80~88쪽).

나는 이들 세 개의 장이 갖는 의의가 여기에 있다고 봅니다. 『자본』은 기본적으로 자본의 운동을 논리적으로 펼치는 책입니다. 노동조차 자본의 한 형태인 '가변자본'으로서 다뤄지죠. 노동자는 노동력이라는 상품을 담은 용기 정도로만 취급됩니다. 인격이 없습니다. 그런데 이들 세 개의 장에서는 노동자들이 상품을 담은 그릇이 아니라 목소리를 가진 존재, 숨을 쉬고 피가 흐르고 살이 붙어 있는 존재로 등장합니다[58] (『공포의 집』, 31쪽). 이들은 한숨을 쉬고, 비명을 지르고, 고통을 호소합니다. 때로는 항거의 목소리를 내기도 하고요.

논리를 이해하는 것과 목소리를 듣는 것은 다릅니다. 이론적으로만 보면 제23장의 마지막 절은 그다지 중요한 곳이 아닙니다. 법칙을 확인하는 사례집에 불과하지요. 사실 이렇게 많은 지면을 할애할 필요도 없습니다. 일반적인 정치경제학 책이라면 아예 집어넣지도 않았을 겁니다. 그러나 『자본』은 다릅니다. 나는 마르크스가 이론적 법칙을 확인하는 용도로만 이 절을 썼다고 생각하지 않습니다. 그보다는 현장의 목소리를 들려주고 싶었을 겁니다. 이론을 확인하는 것만이 아니라 이론으로 담을 수 없는 어떤 것을 전하려고요.

목소리에는 이론을 넘어서는 것, 논리를 넘어서는 것이 있습니다. 어조, 음색, 강도, 빠르기가 달라지면 똑같은 내용도 완전히 다르게 들립니다. 이것을 글로 표현하려면 논리를 펼칠 때와는 다른 문체를 구사해야 합니다. 실제로 이 마지막 절이 그렇습니다. 자본의 운동을 설명할 때와는 완전히 다른 형식, 다른 스타일로 쓰여 있습니다. 마치 르포르타주(reportage)를 읽는 느낌입니다(마르크스의 『자본』에서 엥겔스의 『영국 노동자계급의 상태』를 만난 기분이 듭니다).

이 마지막 절은 대부분 증언의 형식을 취하고 있는데요. 우리가 『자본』을 자본주의가 저지른 범죄에 대한 기소문으로 읽는다면 피해자 측 진술에 해당한다고 할 수 있을 것 같습니다(엄밀히 말하면 감독관들, 조사관들의 진술이지요). 법정에서 배심원들은 판결을 내리기 전에 직접적으로든 간접적으로든 피해자의 진술을 듣습니다. 피해자의 진술에는 검사의 논변을 넘어서는 것, 검사의 논변으로는 담을 수 없는 것이 들어 있으니까요.

노동일에 관한 장을 다룰 때 나는 자본의 증식과정을 논리적으로 이해하는 것과 그 현실을 지켜보는 것은 다르며, 독자들은 텍스트를 지적으로 이해할 뿐 아니라 정서적으로도 겪어야 한다고 했습니다(『공포의 집』, 67~68쪽). 자본주의적 축적법칙에 대해서도 마찬가지입니다. 이 법칙을 지적으로 이해하는 것과 그 현실을 확인하는 것은 아주 다릅니다. 상당히 긴 분량이지만 증언을 경청하듯 모두 빠짐없이 읽었으면 좋겠습니다.

◦ 자본가들을 위한 천년왕국은 도래했다

마르크스는 자본주의적 축적의 법칙을 절대적이고 일반적인 법칙이라고 했는데요. 자본주의가 아무런 제약을 받지 않은 채 발전했을 때 반드시 나타날 수밖에 없는 경향이라는 의미에서 그렇습니다. 마르크스는 자신이 『자본』을 쓰던 시기, 더 한정해 말한다면 '1846~1866년'의 20년이 대체로 그런 시기라고 봅니다. 영국에서 자본주의가 그 어느 때보다 발전한 시기, 자본축적이 별 제약 없이 이루어진 때라 할 수 있습니다. [김, 883; 강, 880]

특히 1846년은 아주 상징적인 해입니다. 마르크스의 표현을 빌리자면 "자유무역이라는 천년왕국"이 도래한 해이지요. 공장법의 역사를 살필 때 언급했지만 이때 곡물법이 폐지되고 면화 등의 원료에 대한 수입관세가 철폐되었으며 자유무역이 입법의 원칙으로 선포되었습니다. 마르크스는 이때를 "영국 경제사의 시대적 전환점"이라고 부른 바 있습니다(『공포의 집』, 149쪽). 자유무역을 신봉하는 정치경제학자들은 이것이 자본가들만이 아니라 노동자들에게도 큰 혜택을 줄 것이라고 떠들어댔지요. 그렇다면 그 후 20년, 과연 모두에게 천년왕국이 도래했을까요. 자본축적을 위한 이상적 조건이 만들어졌으니 이제 검증을 해볼 차례입니다.

마르크스는 먼저 인구 증가율과 부의 증가율을 살펴봅니다. 빈곤의 원인을 인구의 자연증가에서 찾았던 맬서스 등의 주장을 검토해보는 거죠. 이들은 부가 늘어나면 인구는 그보다 더 많이 늘어나고 이로 인해 사회적 빈곤이 나타날 것이라고 했는데요. 인구 자료와 세금 자료를 살펴보면 19세기 전반기 동안 인구는 절대적으로는 많이 늘었습니다. 그런데 상대적 증가율 즉 증가 속도는 계속 줄어듭니다. 반면 부의 증대

속도는 갈수록 빨라집니다. 영국 전체를 보면 1853~1864년 사이 인구는 12퍼센트가량 증대한 반면 이윤은 50퍼센트, 지대는 38퍼센트가량 증대했습니다.[김, 884~885; 강, 881~882]

게다가 자본의 집적(Konzentration)과 집중(Zentralisation)이 함께 일어나는 것도 확인할 수 있습니다. 농업 통계를 보면 전체 농장 수는 급격히 줄어들었는데 거액의 세금을 내는 지주들은 계속 늘어났습니다. 농업만이 아닙니다. 이윤에 대한 과세 자료도 그렇고, 석탄이나 철강 생산량, 철도 길이, 수출입 자료 등에서도 자본축적 규모가 얼마나 급성장했는지를 엿볼 수 있습니다. 수출액 규모로 보자면 1847년에서 1866년까지 무려 300퍼센트 넘게 성장했습니다.[김, 885-887; 강, 882~884] 요컨대 당시 영국 호적청장의 말처럼, 인구가 크게 늘어났다고 해도 부의 증가 속도에 비할 바는 아닌 거죠.[김, 887; 강, 884]

그렇다면 부의 증가는 이 부를 생산한 노동자계급의 삶도 개선시켰을까요. 마르크스는 1843년 필(Peel) 정부에서 무역 담당 각료로 참여했고 1868년 총리가 된 유력 정치인 윌리엄 글래드스턴(W. E. Gladstone)의 두 연설을 인용합니다. 하나는 1843년의 연설이고 다른 하나는 1863년의 연설입니다. 1843년 연설에서 글래드스턴은 상층계급의 부는 끊임없이 늘어나는데도 국민들(노동자계급)의 빈곤이 커지는 것에 우려를 표명합니다. 마르크스의 표현을 쓰자면, 나름 '점잔 빼는'(salbungsvoll) 연설을 한 건데요. 그로부터 20년이 지난 후 그는 어떤 말을 했을까요.

글래드스턴의 1863년 연설은 아주 인상적입니다. 그는 과거 20년을 회고하며 "거의 믿기 어려울 정도로"(almost incredible), "취해 쓰러질 정도로"(intoxicating) 부가 증대했다고 했습니다. 그러면서 이러한 부의 증가는 "전적으로 자산계급에만 한정"된 것임을 인정했습니다. 그러고는 생산력 증대로 생활용품들의 가격이 떨어질 테니 "노동인구에게도 간접적이익"이 되었을 거라고 말합니다. 그는 지난 20년을 이렇게 정리합니다. "부자는 더 부유해졌고 가난한 사람들은 덜 가난해졌습니다. 극단적 빈곤이 줄어들었는지 여부는 말씀드리고 싶지 않습니다."[김, 888; 강, 884~885]

말하는 방식이 재밌습니다. 영국 사회가 부의 생산에서 얼마나 놀라운 성과를 거두었는지, 자산가들의 재산이 얼마나 증가했는지에 대해서는 구체적 수치를 제시했지만(과세대상 소득이 처음 10년에는 6퍼센트, 다음 10년에는 20퍼센트 증가했다고요), 노동자들의 간접적 이익은 수치로 제시하지 않았지요. 좋아지지 않았겠느냐고 막연히 추측만 하고 있습니다. 그리고 극빈층에 대해서는 아예 언급을 피합니다. 마르크스의 말처럼 완전히 '용두사미'(Antiklimax)지요.[김, 889; 강, 885]

마르크스는 글래드스턴의 말을 이렇게 풀어씁니다. 자산가들이 '믿기 어려울 정도로', '취해 쓰러질 정도로' 재산이 늘어났는데도 노동자계급이 '덜 가난해진' 것에 불과하다면, 노동자계급은 "상대적으로는 종전과 마찬가지로 여전히 가난한 것"입니다. 절대적 가난은 감소했는지 몰라도 상대적 가난은 더 증대했다는 거죠(마르크스에 따르면 이 시기 몇몇 생필품의 가격은 오히려 많이 올랐습니다). 계급 간 양극화는 더욱 심해졌다고 할 수 있지요(마르크스가 자본축적과 더불어 노동자계급, 특히 임금노동자들이 더 가난해졌다고 말하는 것은 상대적 빈곤의 증대에 방점이 찍혀 있다고 할 수 있습니다). 절대적 빈곤층은 어떤가. 임금관계 바깥에 있는 구호 빈민들은 어떤가. 글래드스턴은 '극단적 빈곤'이 감소했다는 말을 감히 하지 못합니다. 이는 그것이 줄어들지 않았고 오히려 늘어났을 수 있음을 시사합니다.

요컨대 천년왕국이 도래한 것은 맞습니다. 다만 그것은 자본가들의 천년왕국이었던 거죠. 노동자들은 아무리 좋게 봐준다고 해도 상대적으로 더 가난해졌고 극빈층은 전혀 줄지 않았습니다. 이런 상황을 글래드스턴이 모르지는 않았습니다. 그는 1년 후 다른 연설에서 노동자계급에게 훈계하듯 말했다고 합니다. "인생이란 십중팔구 생존을 위한 투쟁(struggle for existence)일 뿐입니다."[김, 889; 강, 886] 아무런 제약 없이 자본축적이 이루어진 결과 빈곤축적이 나타났다고 말하는 대신(정부의 책임을 은폐해버렸습니다), 갑자기 모두가 자연상태에 놓인 것처럼 말하고 있습니다. 빈곤을 적자생존의 결과인 것처럼 포장하고 있지요. 빈곤을 자연화한 겁니다.

○ 자본은 거대해졌으나 '극단의 빈곤층'은 줄지 않았다
이제 부의 축적이 '믿기 어려울 정도로' 이루어지던 시기에 이

부를 생산한 노동자들은 어떤 처지에 있었는지를 구체적으로 살펴볼 차례입니다. 이 시기 공장에서 일어난 일에 대해서는 이미 '노동일'에 관한 장(『공포의 집』)과 '기계제 대공업'에 관한 장(『자본의 꿈 기계의 꿈』)에서 살펴본 바 있습니다. 거기서 우리는 노동자들이 어떤 희생을 치렀는지, 즉 노동일이 얼마나 연장되었고 노동강도가 얼마나 강화되었는지를 보았습니다. 그러나 '자본주의적 축적의 법칙'을 완전히 해명하기 위해서는, 다시 말해 부의 축적이 빈곤의 축적과 함께 이루어진다는 것을 확인하기 위해서는 "작업장 바깥에서의 노동자들 상태 즉 그들의 식생활과 주거 조건들도" 살펴야 합니다.[김, 890; 강, 887] 자본의 천년왕국이 건설되는 사이 노동자들이 실제로 어떤 삶을 살게 되었는지를 살펴보는 거죠.

마르크스는 노동자계급을 크게 두 부류로 나누어 고찰합니다. 한쪽은 공장 등에서 일하는 산업 프롤레타리아트이고요, 다른 한쪽은 농장에서 일하는 농업 프롤레타리아트입니다. 당시에는 이들이 노동자계급의 대부분을 차지했으니까요. 그런데 이들의 처지를 살펴보기 전에 마르크스는 극빈층, 다시 말해 구호 빈민으로 살아가는 사람들의 처지를 짧게 언급합니다.

한 쪽 분량의 짧은 내용이기는 하지만 노동자계급의 운명과 관련해 이들의 존재를 언급하는 것은 매우 중요합니다. 앞서도 말한 바 있지만 이들은 임금관계 바깥에 있는 사람들입니다. 단순히 바깥에 있는 게 아니라 다시 거기 들어갈 가능성도 거의 없다고 할 수 있습니다. 하지만 이들이 임금관계 바깥에 있다고 해서 자본관계 바깥에 있다고까지 말할 수는 없습니다.

두 가지 점에서 그런데요. 일단 이들의 삶은 자본축적과 무관하지 않습니다. 무관하지 않은 정도가 아니라 어떤 점에서는 가장 민감한 영향을 받습니다. 마르크스가 첫 번째로 지적하는 것이 그겁니다. 그에 따르면 런던의 극빈자 수는 "산업 순환의 주기적 변화"를 따라갑니다.[김, 891; 강, 888] 특히 공황이 닥치면 그 수가 폭발적으로 증가하지요. 1866년 공황이 닥쳤을 때 런던에서는 극빈층이 20퍼센트 가까이 증가했습니다(한국 사회도 1997년 외환위기 당시 이런 현상을 경험한 바 있지요).

극빈층이 자본관계 바깥에 있다고 볼 수 없는 또 하나의 이유는 이들의 존재가 임금관계 속에 있는 현역노동자군에 영향을 미치기 때문입니다. 마르크스는 계급투쟁이 강하게 대두될 때 극빈자 통계가 왜곡된 형태로 활용된다는 점을 지적합니다.[김, 891; 강, 888] 비참하게 살아가는 사람들이 얼마나 많은지를 부각함으로써 노동자들의 투쟁을 이데올로기적으로 공격하기도 하고 또 노동자들에게 공포심을 심어주기도 합니다.

마르크스는 특히 후자의 측면을 강조했습니다. 앞서도 언급했지만 19세기 구빈원은 이전 시대의 구빈원과 완전히 달랐습니다. 한 세기 전만 해도 스미스는 매뉴팩처 작업장을 가리킬 때 '구빈원'(workhouse)이라는 말을 썼습니다.[김, 891, 각주 43; 강, 888, 각주 108] 그것은 글자 그대로 '노동의 집'(workhouse)이었으니까요. 그런데 19세기 구빈원은 노동 능력을 완전히 상실한 사람을 수용하는 곳이었습니다. 게다가 아주 끔찍한 곳이었습니다. 마르크스는 구빈원을 '빈곤의 감옥'(Strafanstalt des Elends)이라고 불렀는데요. 그는 당시 런던에서 굶어 죽은 사람들이 크게 증가한 것을 두고, 사람들이 얼마나 구빈원을 두려워하는지에 대한 방증이라고 보았습니다. 구빈원에 갇히느니 차라리 길거리에서 굶어 죽었다는 거죠.[김, 891; 강, 888] 앞서 인용한 것처럼 바우만은 19세기 구빈원의 담벼락 안에서 흘러나오는 소식이 끔찍할수록 노동자들은 자신의 처지를 행운과 축복으로 여겼다고 했는데요. 극빈층에 대한 처우가 노동자들에게 큰 영향을 미친다는 것을 말해줍니다. 극빈층은 비록 임금관계 바깥에 있지만 이들의 증감이나 이들이 수행하는 기능은 이들이 결코 자본관계 바깥에 있지 않음을 보여준다고 하겠습니다.

◦ 자본의 왕국에서 산업 프롤레타리아트는 어떻게 사는가
○저임금노동자와 도시 빈민촌의 탄생——이제 임금노동자들을 살펴볼까요. 마르크스는 가장 낮은 임금을 받는 노동자들, 유랑노동자들, 최고 임금을 받는 노동자들의 삶을 차례로 살펴봅니다. 자본축적이 가속화되던 시기에 이들 노동자가 어떻게 살아왔는지를 눈물겹게 써내려갑니다. 이 시기 공장에서

노동자들이 어떤 희생을 치렀는지를 말할 때는 〈공장감독관 보고서〉와 〈아동노동위원회 조사 보고서〉를 많이 참조했는데요. 여기 노동자들의 영양 상태와 주거 환경에 대해 말하는 곳에서는 〈공중위생 보고서〉를 주로 참조하고 있습니다. 참고로 마르크스는 이들 보고서를 작성한 조사관들의 정직성을 많이 칭찬했습니다. 전에 마르크스가 공장감독관 레너드 호너를 가리켜 "영국의 노동자계급을 위해 불멸의 공적을 세운" 인물이라고 말한 바 있지요(『생명을 짜 넣는 노동』, 181쪽). 여기서도 호너와 같은 조사관이 등장합니다. 의사 에드워드 스미스(Edward Smith)나 줄리언 헌터(Julian Hunter) 같은 사람들이죠.

먼저 임금노동자들 중 상황이 가장 좋지 않은 저임금 노동자들의 경우부터 보겠습니다. 1860년대 초반 자료가 있는데요. 1864년에 발간된 〈공중위생 보고서〉에 따르면 이들 노동자는 의학적 관점에서 제시된 영양 상태의 최저 기준에 모두 미달했습니다. 각각의 업종에서 그나마 형편이 좋은 가족을 대상으로 한 조사인데도 그랬습니다. 당시는 면화 기근으로 면직업이 사실상 공황 상태에 있었는데요. 이때 면직업 노동자들이 섭취한 음식물은 최저 기준의 절반에도 미치지 못했습니다.[김, 892~893; 강, 889-891]

음식물 사정이 이렇다는 것은 다른 것들은 말할 것도 없다는 뜻입니다. 음식은 생존을 위해 가장 먼저 갖추어야 하는 것이니까요. 바꾸어 말하면 누군가 굶주린다는 건 생존의 막다른 곳에 몰렸다는 것, 즉 '최후의 궁핍'에 빠졌다는 뜻입니다. 먹을 게 부족한 노동자들은 어김없이 의복도, 연료도 부족했습니다. 냉난방도, 상하수도도 제대로 갖추어져 있지 않았지요. 조사 책임자였던 의사 사이먼(Simon)은 이렇게 말하고 있습니다. "여기서 말하는 빈곤이 나태가 초래한 마땅한 빈곤이 아니라는 점을 생각하면 너무 가슴이 아프다. 이 모든 사례는 일하고 있는 사람들(working populations)의 빈곤이다. 도시 노동자들이 얼마 안 되는 음식을 얻기 위해 해야 하는 노동은 대부분 지나치게 장시간이다."[김, 895~896; 강, 891~892]

마르크스가 영양 상태 이상으로 공들여 기술하는 쪽은 주거 상태입니다. 자본의 축적이 가속화한 시기, 소위 자본의 고도성장기에 도시의 노동자들 주거지가 어떻게 형성되는지를 보여주었는데요. 그는 특히 도시 (재)개발과 부동산 가격의 상승이 노동자들의 주거에 어떤 영향을 미치는지를 흥미롭게 고찰하고 있습니다.

일단 저임금 노동자들이 도시로 몰려드는 것은 산업화에 따른 결과입니다. "생산수단의 집중이 심화될수록 동일한 공간에서의 노동자들의 밀집 상태는 더욱 심해"집니다. 공장들이 도시에 세워지면 그 주변으로 노동자들의 주거 공간도 집중될 수밖에 없지요.[김, 896; 강, 892~893] "공업도시나 상업도시에 자본이 급속히 축적될수록 착취할 수 있는 인간재료들이 급격히 쇄도하고, 그럴수록 노동자들의 급조된 주거지들은 상황이 더 열악"해집니다.[김, 901~902; 강, 898] 노동자들은 "지하실이나 다락까지" 파고들고, 그나마 "쓸 만한 주택

179

들은 싸구려 여인숙처럼 개조"됩니다. 집 한 채에 수십 개의 방이 생겨나는 거죠. 그리고 이들 방 한 칸에는 10명 이상이 들어가 삽니다. 마르크스는 마치 "30년전쟁 당시 민간 막사에서 병사들이 교체되듯 급속히" 거주자들이 교체된다고 했습니다.[김, 903; 강, 899]

고도성장기 한국 사회를 떠올리면 됩니다. 서울 구로에는 1980년대 초까지 '벌집'이 유행했습니다. 한 주택에 두세 평밖에 안 되는 방들이 한 층마다 수십 개씩 있었는데요. 방 하나에 수도꼭지 하나, 연탄아궁이 하나가 있었습니다. 화장실은 한 층에 공동으로 하나 정도 있었고요. 큰 비용 들이지 않고 대강 지었기 때문에 연탄가스 중독으로 사망하는 노동자들이 많았습니다. 1970년대 노동자들, 특히 구로나 가리봉의 영세 공장에서 일하는 여공들이 거주했고, 이후에는 가출 청소년이나 빈민층의 아지트가 되었으며, 최근에는 일부 주택이 남아 이주노동자인 조선족이 살고 있다고 합니다.[59]

마르크스가 기술하고 있는 당시 산업도시들의 풍경도 비슷합니다. 처음에는 그럴듯한 주택도 시간이 지나면 도저히 살 수가 없는 형태로 바뀝니다. 영국의 노동자들이 오늘 머문 자리는 "내일이면 누더기를 걸친 아일랜드인이나 몰락한 잉글랜드 농업노동자들이 메뚜기 떼처럼 밀려들어"옵니다.[김, 903; 강, 899] 대부분의 방들은 햇볕도 들지 않고 환기도 되지 않습니다. 침대 하나를 3명 이상이 함께 쓰고 그냥 바닥에서 여러 명이 겹쳐 자는 경우도 많습니다. 오물이나 하수처리도 엉망이었고요. 그런데도 이들 방은 쉴 새가 없습니다. 낮에 일하는 사람과 밤에 일하는 사람이 교대로 잠을 자기 때문이지요.[김, 902; 강, 898]

노동자들의 건강은 공장에서도 무너지지만 공장 바깥 주거 공간에서도 무너질 수밖에 없습니다. 냉난방이 되지 않는 비좁고 더러운 환경에서 건강을 유지한다는 것은 불가능합니다. 그런데도 노동자들은 계속해서 몰려듭니다. 왜냐하면 '호경기'니까요. 일자리를 찾아서 농촌에서도 사람들이 몰려들고, 아일랜드에서도 사람들이 몰려옵니다. 마르크스의 표현을 빌리자면 "호경기와 더불어 끊임없이 흘러 들어오는 '예비군' 즉 '상대적 과잉인구'의 물결로 홍수가 난" 겁니다.[김, 903; 강, 899] 이 점이 중요합니다. 이 모든 일이 자본의 고도성장기에 일어난 일이라는 것 말입니다. 자본축적과 도시 빈민촌의 탄생은 깊이 관련이 있습니다.

그런데 저임금 노동자들은 공장만이 아니라 주거지에서도 착취를 당합니다. 집주인들은 좁은 방에 많은 노동자를 집어넣고 터무니없이 높은 집세를 받았습니다. 마치 광산에서 금이나 은을 캐내듯 집주인들은 조잡한 주택에서 돈을 캐냈습니다. 마르크스는 이 '빈곤의 광산'은 그 유명한 '포토시(Potosí)의 은 광산'보다 수익성이 높았다고 했습니다.[김, 896; 강, 893] 비용 대비 이윤을 생각하면 말이지요.

더 중요한 것은 어느 시기가 되면 도시재개발이 이루어진다는 겁니다. 소위 도시 환경 '개선'(improvements) 사업이 펼쳐지지요. 개발이 시작되면 불량 주택이 철거되고, 도로가 확장되고, 전차가 들어오고, 은행과 백화점이 들어섭니다.[김, 896; 강, 893] 이런 도시재개발은 부동산투기를 불러일으킵니다. 마르크스에 따르면 당시 런던에서는 부동산투기가 하도 성행해 거의 모든 집이 중개인을 통해 거래될 정도였다고 합니다. 토지 가격이 비정상적으로 높았습니다. 토지를 이용한 수익(지대)보다 토지 자체의 가격 폭등을 노린 거래 때문이지요. 투기꾼들은 토지 보상금을 노리고 개발 예정지를 사들이거나, 대기업 이전 같은 정보를 얻어 인근 부동산을 매입했습니다. 마르크스에 따르면 임대 계약이 끝나는 건물이 집중 매입 대상이었지요.[김, 899; 강, 895] 오늘날 투기 유형과 별반 차이가 없습니다.

마르크스는 도시재개발과 부동산투기가 노동자들의 주거에 어떤 영향을 미치는지를 자세히 언급합니다. 자본축적은 도시화를 낳고 부동산 가격을 올립니다. 집세가 오르면 가난한 노동자들은 버틸 수가 없습니다. 이들은 집세가 싼 곳을 찾아 모여듭니다. 도시 빈민촌이 형성되는 것이지요. 그러다가 재개발이 이루어지면 부동산 가격이 폭등합니다. 주거 환경은 크게 개선되는데, 정작 거기 살던 가난한 주민들은 쫓겨나지요. 가난한 노동자들은 다시 집세가 더 싼 곳, 즉 더 비좁고 더 불결한 곳으로 이주할 수밖에 없습니다.[김, 896; 강, 893]

거듭 강조하지만 이런 일은 사회적 부가 감소할 때가 아니라 '믿기 어려울 정도로' 부가 축적될 때 일어났습니다. 자본이 고도로 성장하던 시기, 자유무역이 입법의 원칙이 되고, 자본이 큰 제약 없이 축적될 수 있었던 시기에 일어난 일이지요. 곳곳에서 노동인구가 홍수처럼 몰려들고 이들이 상대적 과잉인구를 형성할 때 도시에도 빈민촌이 만들어졌습니다. 잉여노동자가 자본축적의 필연적 산물이듯 도시의 빈민촌도 자본축적의 필연적 산물이었던 것입니다.

○유랑노동자의 노예계약──산업 프롤레타리아트의 두 번째 계층은 유랑노동자입니다. 이들은 도시 빈민촌에 거주하는 저임금노동자(대부분은 잉여노동자)와 달리 일거리를 따라 여기저기 이동하는 사람들입니다. 주로 건설 현장이나 광산에서 일하는 노동자들이지요. 도시 저임금노동자들이 대개 자본의 '예비군'을 이룬다면 이들은 자본의 '경보병'(輕步兵)에 해당합니다.[김, 905; 강, 901] 이들의 거주 환경은 어떠했는가. 이들의 숙소는 이동하는 군대의 임시 막사와 같습니다. 한 조사관의 표현을 빌리면 노동자들은 여기서 "주거라기보다는 야영을 하는 것처럼" 보입니다.[김, 909; 강, 904]

　　이들의 식사와 잠자리는 건설업자나 탄광업자(혹은 이들과 깊이 연관된 사람)들이 독점 공급하기 때문에 가격이 매우 높습니다. 식사와 잠자리만이 아니지요. 고용주들은 생활용품을 '현물급여' 형태로 지급했습니다. 난방용 석탄은 물론이고 물까지 임금에서 제외하는 식입니다. 그들의 노동에서만 이윤을 뽑아내는 게 아니라 생활에서도 이윤을 뽑아내는 구조이지요. 그런데 여기에 저항하기가 쉽지 않습니다. 고용과 주거가 맞물려 있으니까요. 해고되면 주택에 머물 수 없고, 주택을 거부하면 해고되기 쉽지요. 삶이 통째로 예속되어 있는 겁니다.

그래서 한 조사관은 이들 노동자들이 계약에 '묶여 있는'(bound) 시간을 '예속'(bondage)의 시간이라고 불렀습니다. 그러면서 이 두 단어(bound, bondage)가 모두 농노제에서 유래한 것임을 환기시킵니다. 농노의 삶이 영주에게 완전히 예속되어 있듯 유랑노동자의 삶도 고용주들에게 완전히 예속되어 있다는 뜻이지요.[김, 909; 강, 905]

오늘날 이들 유랑노동자의 삶과 가장 비슷한 형태를 이주노동자들한테서 찾아볼 수 있습니다. 19세기 유랑노동자들의 주택을 임시 막사와 같다고 했는데요. 2013년 국가인권위원회 조사에 따르면, 우리나라 농축산업에 종사하는 이주노동자들의 72퍼센트가 컨테이너나 패널, 비닐하우스 등에 거주했습니다.[60] 이것이 큰 사회문제로 부각되자 2019년 근로기준법 시행령에 기숙사 관련 조항이 신설되었는데요(근로기준법 시행령, 55~58조). 내용은 이렇습니다. 침실 하나는 15인 이하만 들어갈 수 있는 구조여야 하고, 화장실과 세면 시설, 그리고 채광과 환기, 냉난방, 화재 관련 시설 등이 갖춰져야 합니다. 침실과 욕실 등에는 잠금 장치가 설치되어야 하고요. 남성과 여성이 한방을 쓰지 않도록 하고, 작업시간을 달리하는(낮교대/밤교대) 노동자들도 한 침실을 쓰지 않도록 했습니다. 또 사업주는 소음이나 진동, 자연재해가 우려되는 장소, 오물이나 폐기물 오염의 우려가 큰 곳에 기숙사를 지어서는 안 됩니다. 이런 조항들이 신설되었다는 것은 최근까지 이주노동자들이 어떤 주거 환경에서 지냈고 또 어떤 일들이 있었는지를 짐작케 하지요. 그런데 이런 법률적 최소 기준마저 현장에서는 지켜지지 않습니다. 사건, 사고, 재해 등을 통해 이주노동자들의 거주지가 모습을 드러낼 때가 있는데요. 상당히 많은 이주노동자들이 여전히 비닐하우스와 컨테이너에 거주하고 있다는 게 밝혀졌습니다.[61]

이주노동자들의 저임금·장시간 노동은 악명이 높습니다. 최근 이주노동자에 대한 한 실태조사(2020)에 따르면[62] 이주노동자들의 평균 노동시간은 하루 평균 9.6시간이고 16시간을 노동한 사례도 다수 발견되었습니다. 임금도 매우 낮았는데요. 실제 노동시간과 휴일을 계산해 산출했을 때 조사 대상 이주노동자들 중 56.2퍼센트가 법정 최저임금을 받지 못했습니다. 그런데 이들 노동자의 85.8퍼센트는 사업주가 제공하는 숙소에서 거주했습니다. 고용과 주거가 하나로 묶여 있는 셈이지요.

왜 이런 착취가 가능한가. 핵심 요인은 고용허가제라는 제도에 있습니다. 2004년부터 시행된 이 제도는 이주노동자의 사업장 이동을 엄격히 제한하지요. 3년간 3회, 재고용한다면 이론상으로는 5회까지 가능합니다만 사업주의 동의가 있

어야 합니다. 달리 말하면 사업주의 허락 없이는 사업장 이동
도, 재계약도 불가능하지요. 영주에 예속된 농노들과 다를 바
가 없습니다. 이주노동자들이 이 제도를 '현대판 노예제'라고
부르는 데는 그만한 이유가 있는 셈입니다.[63]

○'노동귀족'이라는 고임금노동자의 위태로운 삶——끝으로 '노동
자계급의 귀족'이라 불리는 고임금노동자들은 어떨까요.[김,
911; 강, 907] 이들은 상대적으로 쾌적한 환경에서 살며 얼마
간 저축도 할 수 있는 노동자입니다. 그러나 마르크스는 이들
노동귀족조차 얼마나 위태로운 삶을 사는지, 그 운명이 자본
축적 상황에 얼마나 예속되어 있는지를 보여줍니다.

　마르크스가 『자본』을 집필하던 시기인 1866년에 금융공
황이 닥쳤습니다. 한 대형 은행이 파산했고 그 뒤를 따라 여
러 금융 투자회사들이 도산했습니다. 그런데 자본주의에서는
금융과 실물이 연계되어 있기에 한쪽에서 시작된 공황은 다
른 쪽에도 문제를 야기합니다. 당시 이 공황으로 가장 큰 영향
을 받은 곳은 조선업이었습니다. 조선 회사들은 호황기에 이
미 과잉생산을 한 상태였는데도 자금 조달을 과신하며 사업
을 지나치게 확장했습니다. 그러다 금융공황(신용공황)을 맞
아 무너지게 되었지요.[김, 911~912; 강, 907]

　당시 조선 회사 노동자들은 다른 업종 노동자들보다 고
용도 안정적이었고 임금도 높은 편이었습니다. 그러나 조선
업이 불황에 빠지자 이들의 삶은 바닥으로 추락했습니다. 실

직자들이 대규모로 쏟아져 나왔습니다. 한 잡지 기사에 따르면 이들은 수개월 전만 해도 숙련노동자에게 지급되는 최고 임금을 받았지만, 얼마 지나지 않아 저축한 돈도 모두 쓰고, 집 안 물건도 모두 저당 잡힌 뒤, 결국에는 구호 빈민으로 전락했습니다.[김, 912~915; 강, 907~910] 노동귀족은 위기가 닥치자 '믿기지 않을 정도로' 짧은 시간에 거지로 전락했습니다. '귀족'이라는 말이 얼마나 부풀려진 것인지 알 수 있지요. 소위 '노동귀족'이란 임금노동자들 중에 처지가 '조금' 나은 사람들에 불과했던 거죠.

당시 자본가들이 퍼뜨린 말 중에 '노동귀족'만큼 부풀려진 말, 사실은 거짓이라고 해야 할 말이 있는데요. 바로 '노동자의 낙원'(Paradies des Arbeiters)입니다. 영국 자본가들이 벨기에를 그렇게 불렀는데요. 벨기에에서는 노동조합이나 공장법의 개입이 없어서 '노동의 자유'와 '노동자의 행복'이 보장된다는 겁니다.[김, 915~916; 강, 910~911] 시장에(사실은 자본의 처분에) 전적으로 맡겨져 있기에 오히려 노동자들이 더 나은 삶을 누린다는 것인데, 과연 그럴까요.

마르크스는 벨기에 중앙통계위원회 위원이었던 에두아르 A. 뒤크페티오(Édouard Antoine Ducpétiaux)의 저서 『벨기에 노동자계급의 가계부』Budgets économiques des classes ouvrières en Belgique(1855)를 인용해서 반박합니다. 흥미롭게도 뒤크페티오는 벨기에의 감옥과 자선시설 총감독을 역임한 사람이기도 했습니다. 그가 계산한 벨기에 표준노동자 가족의 수입으로는 선원이나 병사는 물론이고 감옥에 수감된 재소자만큼의 식사도 할 수 없었습니다.[김, 917; 강, 912] 그에 따르면 노동자들 대다수는 재소자보다도 가난하게 살아갑니다. 극도의 내핍(耐乏) 생활을 하는 것이지요.

결국 당시 벨기에에 있다던 '노동의 자유'는 '자본의 자유'였던 것이고, '노동자의 행복'은 '자본가의 행복'이었던 셈이지요. 빈센트 반 고흐(Vincent Van Gogh)가 그린 벨기에 탄광 노동자들의 그림을 보면 당시 '노동자들의 낙원'이 어떤 풍경이었는지 짐작할 수 있을 겁니다. 마르크스는 '노동자들의 낙원'을 '자본가들의 낙원'으로 고쳐 부르며 이렇게 말합니다. "이 '자본가들의 낙원'에서는 생활필수품의 가격이 조금만 변동하더라도 사망자 수와 범죄 건수에 변동이 일어난다. [⋯] 45만의 노동자 가구 가운데 20만 가구 이상이 빈민 명부에 올라 있다!"[김, 918; 강, 913]

∘ 자본주의가 농업과 농민을 장악하면 무슨 일이 벌어지는가
○ 영국 농업 프롤레타리아트의 실태──자본축적과 더불어 노동자들이 절대적으로 혹은 상대적으로 더 궁핍해진다는 것은 농업노동자의 경우에도 확인됩니다. 마르크스에 따르면 "자본주의적 생산과 축적의 적대적 성격이 영국의 농업(목축업을 포함해서)에서의 진보와 영국 농업노동자의 퇴보보다 더 잔인하게 실증되는 곳은 없"습니다.[김, 919; 강, 913]

18세기 후반이면 자본주의가 온실 속 식물처럼 쑥쑥 자

라날 때인데요. 이 시기 농업 및 경제 분야의 저술가 아서 영 (Arthur Young)에 따르면 "큰 차지농업가는 거의 젠틀맨의 수준까지 올라갔는데 가난한 노동자는 거의 밑바닥까지 떨어" 졌습니다. 농업노동자의 "실질임금이 1737년과 1777년 사이에 4분의 1, 즉 25퍼센트나 하락했다"라고 합니다.[김, 919~920; 강, 914] 그런데 '거의 밑바닥'이라고 했던 농업노동자의 처지는, 마르크스에 따르면 "그 이후로는 다시 도달하지 못할 이상(Ideal)이 되었"습니다.[김, 920; 강, 914~915]

18세기 말과 19세기 사이 구빈법의 운용 현황을 보면 이 점을 확인할 수 있습니다. 구빈법에 따라 각 지역 교구는 최저 생계비 밑으로 떨어진 임금을 보전해주었는데요. 이 액수가 크게 늘어납니다. 이를테면 마르크스가 인용한 노샘프턴셔 주의 경우 임금 보전액이 1795년에는 임금의 4분의 1 이하였는데, 1814년에는 절반을 넘습니다. 이는 실질임금이 그만큼 하락했다는 뜻이며, 농업노동자들이 임금노동자이면서 동시에 구호 빈민이 되었다는 뜻이기도 합니다. 마르크스는 농업노동자의 처지를 생산도구인 역축에 비유하면서 이렇게 말합니다. "차지농업가가 사육하는 모든 동물 가운데 '말하는 도구'(instrumentum vocale)인 노동자는 이때부터 가장 학대받고 가장 나쁜 먹이를 먹으며, 가장 잔인하게 다루어지는 동물이 되었다."[김, 921; 강, 916]

영국 농업에 특히 큰 충격을 준 것은 곡물법 폐지(1846) 였습니다. 수입 곡물을 높은 관세로 규제하던 곡물법이 폐지되자 농업 생산방식이 크게 바뀌었습니다. 생산이 기계화되었고, 화학 처리를 거쳐 생산된 광물성 비료가 사용되었고, 대규모 배수시설이 만들어졌고, 집약적 경작이 나타났습니다. 가축 사육 방식도 크게 달라졌고요. 축사 내에서 동물을 사육하고 사료 작물을 인공적으로 재배하기 시작했지요. 농업의 기계화와 새로운 농업 기술의 도입으로 경지면적도 늘어나고 생산량도 크게 늘어났습니다.[김, 923; 강, 917]

그렇다면 농업노동자들은 어떻게 되었을까요. 공장에서 일어난 일은 농장에서도 똑같이 일어났습니다. 농업의 총 취업 노동자 수는 줄었습니다. 생산량은 늘어났지만 고용은 줄어든 거죠. 농업에서 자본축적 규모는 크게 증가했지만 농업인구는 상대적으로도 그렇고 절대적으로도 크게 줄어들었습니다.[김, 925; 강, 919] 당시 곡물법 폐지를 부르짖던 속류 경제학자들은 자유무역이 결국에는 농업노동자들의 삶을 개선할 것이라고 했습니다. 도시들이 성장하고 있고 자유무역으로 해외시장이 열려 농산물 판매 시장이 커질 테니 농촌이 더 살기 좋아진다는 거죠. 오늘날에도 자유무역 협정을 체결할 때 흔히 나오는 주장입니다. 그런데 현실은 어땠을까요. 소수의 농업 자본가들은 분명 축적의 기회를 맞이했습니다. 그러나 농업노동자들은 그렇지 못했습니다. 마르크스는 이렇게 조롱하고 있습니다. 이들 경제학자들의 말처럼 농업노동자들은 "행복에 도취할 수밖에 없는 상태"에 빠졌다고요.[김, 925~926; 강, 919]

마르크스는 농업노동자들의 실태를 상세히 적고 있습니다. 그가 '획기적인 보고서'(epochemachenden Bericht)라고 칭찬한 줄리언 헌터의 보고서를 포함해, 당시 간행된〈공중위생보고서〉에서 여러 부분을 인용하고 있지요. 상당히 많은 쪽수를 거의 인용으로만 채우고 있습니다. 그냥 증언록이라고 불러도 좋을 정도입니다. 어떤 인용 단락은 우리말 번역본 기준으로 거의 일곱 쪽에 이릅니다. 보고서를 통째로 옮겨놓은 느낌이죠.[김, 931~937; 강, 924~929] 농업노동자들의 영양 상태가 얼마나 열악한지(앞서 벨기에의 경우도 그랬지만 잉글랜드 농업노동자들도 재소자들보다 영양 상태가 나빴습니다), 또 이들이 거주하는 주택들의 상태가 얼마나 처참한지를 증언하는 내용입니다.

특히 눈에 띄는 것은 지주들이 농업노동자들의 주택을 땅에서 몰아내는 겁니다. 19세기 전반기에 잉글랜드 농촌 곳곳에서 나타난 현상인데요. 직접적으로는 구빈법과 관계있습니다. 교구 안에 거주하는 주민들의 숫자에 따라 구빈세가 달라졌거든요. 다시 말해 지주들은 자기 땅 안에 거주하는 주민이 많을수록 더 많은 세금(구빈세)을 내야 했지요. 이 주민들 다수는 아마도 농업노동자와 그 가족이었을 겁니다. 따라서 지주들로서는 교구 안에 거주하는 농업노동자들의 숫자를 줄이는 것이 이익입니다. 대토지 소유자들은 적극적으로 자신들의 사유재산권을 행사했습니다. 사유재산권의 핵심은 처분권입니다. "자기 재산을 마음대로 처분할 수 있는 권리"(right to do as they will with their own) 말입니다.[김, 932~933; 강, 925] 여기에는 자기 자산에 타인이 손을 댈 수 없게 하는 것, 자기 소유지에서 타인을 몰아내는 것이 포함되어 있습니다. 한마디로 타인에 대한 '추방'(eviction)의 권리라고 할 수 있지요. 지주들은 이 권리를 자기 땅에서 일하는 농업노동자들에게 행사했습니다. 농업노동자들을 '이방인'으로 다룬 것이지요. [김, 933; 강, 925]

과거 영주가 농노에게 이익을 뽑아냈듯, 아니 그 이상으로 이익을 뽑아냈지만, 영주와 달리 농업노동자들을 자기 주민으로는 생각하지 않았던 것이지요. 농업자본가가 된 지주들은 땅에서 거주하지는 못하게 하면서 노동만 뽑아 쓰는, '추방'과 '착취'를 병행하는 전략을 썼습니다. 지주들은 땅 안에 있는 주택들을 모두 파괴하고 경작지로 바꾸어버렸습니다. 보고서에 따르면 1851년과 1861년 사이 무려 821개나 되는 교구 혹은 도시에서 농업노동자들의 가옥 파괴가 나타났는데요. 그야말로 전국적 현상이었다고 할 수 있겠지요.[김, 933; 강, 926]

그렇다면 농업노동자들은 어디서 살았을까요. 지주가 울타리를 둘러버린 소위 '폐쇄촌'(close village)에서 쫓겨난 뒤 '개방촌'(open village)의 오두막집에 살았습니다. 그게 아니면 인근 소도시의 열악한 주택에 세를 내고 들어갔습니다. 개방촌에는 이들을 노린 건축업자들이 기다리고 있었지요. 건축업자들은 대충 지은 열악한 주택들에 이들을 채워 넣고 돈을 벌었습니다. 마르크스는 앞서 구빈원을 '빈곤의 감옥'이라고 불렀는데요. 이 개방촌은 이렇게 부릅니다. "잉글랜드 농업 프롤레타리아트의 '유배지'(Strafkolonien)"라고요.[김, 935, 각주 101 ; 강, 927, 각주 165]

원래 농민들은 자신들의 일터에 집이 있었습니다. 그러나 개방촌은 일터에서 보통 3~4마일 정도 떨어져 있었습니다. 게다가 주택들이 밀집해 있었고 작은 침실에 여러 명을 밀어 넣는 구조였습니다. 창문도 없고, 웅덩이 외에는 물도 공급되지 않고, 마당도 없었습니다. 이렇게 비좁고 불결한 주택에서는 전염병이 퍼질 수밖에 없습니다. 얼마나 기이한 일입니까. 농촌은 땅이 넓고 공기가 맑습니다. 그런데 농민들 사이에서는 전염병이 만연합니다.[김, 936; 강, 928] 마르크스는 바로 여기서 자본주의를 봅니다. 자본주의적 생산이 농업을 장악했을 때 얼마나 기이한 일이 일어나는가를 보는 거죠.

마르크스는 이런 일이 소위 '순수 농업 지역'만이 아니라 잉글랜드 전역에서 일어난다는 것을 보여주기 위해 자료를 다시 인용하는데요(줄리언 헌터가 잉글랜드 전체 주를 조사한 자료입니다), 잉글랜드의 12개 주에서 농업노동자들이 어떤 주택에서 살고 있는지를 길게 서술합니다.[김, 938~946; 강, 930~937] 모두가 대동소이한 내용인데도, 왜 이렇게 12개 주 각각의 내용을 일일이 발췌했을까요. 여기서 일어난 일이 저기서도 일어난다는 것을 여실히 보여주기 위해서일 겁니다. 독자들로서는 사실상 동일한 내용을 12번 반복해서 봅니다.

그렇게 해서 하나의 경향, 하나의 법칙, 하나의 일반적이고 절
대적인 축적의 법칙을 깨닫는 것이지요.

○농촌의 상대적 과잉인구──자본축적이 진행될수록 농업에서
도 과잉 노동인구가 발생합니다. 차지농장들이 집중되고, 경
작지들이 목초지화되며, 기계가 도입되고, 경작지 안의 주택
들이 파괴되고 사람들이 추방되면서 농촌에서도 '과잉인구'
현상이 나타납니다. 생산에 필요한 농업노동자들의 수가 줄
어든 데다 거주 지역과 생계 수단이 부족해지면서 상대적으
로 농촌의 인구가 많아 보이는 겁니다. 소위 개방촌 같은 마을
이나 농촌 인근 도시에는 '인간 밀집' 현상이 나타납니다. 일
자리도 없고 주택도 없는 사람들이 너무 많은 거죠. 전체적으
로 농업노동자 수가 많이 줄었는데도 여전히 너무 많아 보이
고, 마치 그것 때문에 농촌에서 구호 빈민들의 수가 자꾸 늘어
나는 것 같습니다. 그런데 이러한 과잉인구 현상은 인구의 자
연증가 탓이 아닙니다. 농업에서 일어난 자본축적의 결과, 더
좁혀서 말하면 농업의 기계화와 농토에서의 주민 추방의 결
과였지요.[김, 946; 강, 937~938]
　　농촌에서 나타나는 과잉인구 현상은 곧바로 도시 빈민촌
과 연결됩니다. 극빈 상태에 이른 주민들이 계속해서 도시로
이주했으니까요. 마르크스는 농촌에서 과잉인구 현상을 야기
한 원인들이 '도시로의 부단한 이주'의 원인들이기도 하다고
말하고 있습니다.[김, 946; 강, 937]

마르크스의 이 언급은 최근 전 지구적으로 나타나는 도시의 슬럼화와 관련해 시사하는 바가 많습니다. 우리는 『자본』에서 도시 빈민촌 형성의 두 가지 원리를 볼 수 있는데요. 하나는 산업화가 도시화를 낳는다는 겁니다. 산업화에 필요한 노동력을 농촌에서 끌어당기는 것이지요. 이에 대해서는 이미 앞에서 충분히 살펴보았습니다. 또 하나는 농촌에서 인구를 밀어내는 겁니다. 농촌에서 잉여 인구가 만들어지는 거죠. 전자가 도시가 인구를 끌어당기는 원리라면 후자는 농촌이 인구를 밀어내는 원리입니다. 자본축적은 양쪽 모두에 영향을 미칩니다. 마르크스주의의 고전적 도식은 전자를 조금 더 강조하는 편이지요.

그런데 마이크 데이비스(Mike Davis)에 따르면 최근 전 지구적 규모로 나타나고 있는 도시의 슬럼화에서는 후자가 더 중요합니다. 20세기 후반 들어 무서운 속도로 도시화가 진행되고 있습니다. 세계 역사상 처음으로 농촌 인구보다 도시 인구가 많아지고 인구 800만 명을 넘는 거대도시(megacity), 심지어 인구 2000만 명을 넘는 초거대도시(hypercity)까지 나오고 있습니다.[64] 특히 개발도상국들에서 도시화가 급속히 일어나고 있는데요. 데이비스에 따르면 현재 "도시가 사람들을 '끌어당기는' 힘은 채무와 경기 침체로 인해 현저히 약화"되었습니다(채무 위기에 빠진 기업들이 구조조정을 약속하고 자금 지원을 받기 때문에 그 결과로 대량 해고가 일어나지요). 그런데도 도시화가 진행되는 이유는 무엇일까요. 그것은 "시골에서 사람들을 '밀어내는' 힘"이 강하게 작동하기 때문입니다. 이 '밀어내는' 힘의 정체는 지역마다 조금씩 다릅니다만 20세기 후반 개발도상국이 채무 위기를 맞으면서 농업에 대한 정부의 지원이 끊기고 전면적 시장 개방이 이루어진 탓이 큽니다.[65]

그런데 도시에 당기는 힘이 있을 때와 없을 때의 도시화 양상은 전혀 다릅니다. 도시가 일자리를 제공할 수 없는데도, 아무런 자산도 기술도 없는 사람들이 몰려들면 어떤 일이 벌어질까요. 유엔헤비타트(UN-HABITAT)에서 2003년에 펴낸 보고서《슬럼의 도전》은 이렇게 결론 내리고 있습니다. "도시는 더 이상 성장과 번영의 중심이 아니라 미숙련, 무방비, 저임금의 비공식 서비스업 및 장사에 종사하는 잉여인간의 처리장이 되었다."[66] 과거 도시주의자들은 미래 도시를 "유리와 강철로 이루어진 도시"로 상상했지만, 데이비스에 따르면 미래 도시는 슬럼화된 도시, "손으로 찍어낸 벽돌, 지푸라기, 재활용 플라스틱, 시멘트 덩어리, 나뭇조각 등으로 지어진 도시"일 가능성이 높습니다.[67]

다시 19세기 잉글랜드로 돌아가볼까요. 마르크스는 농업이 자본주의적으로 재편되면서 농촌에도 '상대적 과잉인구' 문제가 생겨난다고 했는데요. 흥미로운 사실은 노동인구의 상대적 과잉에도 불구하고 일손 부족 현상이 나타난다는 점입니다. "농업노동자가 경작을 위한 평상시 수요로 보면 언제나 과잉 상태인데, 예외적이거나 일시적인 수요에 대해서는 언제나 과소 상태"라는 거죠. 농작물의 특성상 파종기나 수확기에는 노동수요가 급증하기도 하고, 지역에 따라서는 주변 도시나 철도 건설 현장, 탄광 등으로 노동인구가 빠져나가기도 하니까요. 그래서 공문서에는 "동일한 시기 동일한 지역에서 노동부족과 노동과잉이라는 모순된 하소연"이 나온 것이 기록되어 있습니다.[김, 947~948; 강, 938~939]

잉글랜드의 동부 지역에서 이런 모순 상황을 타개하는 수단으로 등장한 것이 소위 '작업단'(gangsystem)입니다. 농촌의 성인 여성들과 청소년들, 어린아이들(6~13세)로 구성된 인력 조직이죠(오늘날로 치면 '농업인력회사'쯤 될까요). '갱'이라는 이름에서 알 수 있는 것처럼 맨 위에 '보스'(gang-master)가 있습니다. 대개의 경우 그는 "기업가 정신과 수완을 가진" "불량배"입니다. 차지농업가와 도급계약을 맺고 일을 맡습니다. [김, 949; 강, 940]

이들 작업단은 공장에서 여성 노동자들과 청소년 노동자들이 수행하는 노동과 비슷한 것을 농장에서 수행합니다. 풀을 뽑고 비료를 뿌리고 돌멩이를 치우는 등 그다지 숙련을 필요로 하지 않는 일들이지요. 도급 형식으로 일감을 따 오기 때문에 '보스'에게는 노동을 최단 시간에 최대한 많이 짜내는 것이 이익입니다. 노동자들 가족으로서는 워낙 먹고살기 힘든 처지에 몰려 있기에, 게다가 안정적 일자리를 구하는 것이 불가능하기에(노동인구가 상대적 과잉 상태니까요), 저임금의 고강도 노동이지만 그나마 일감을 일정 기간 제공해주는 '작업

단'에 들어갈 수밖에 없습니다.[김, 949~950; 강, 940~941]

이 작업단은 공업에서 산업예비군이 수행하는 것과 비슷한 역할을 합니다. 노동수요가 급증할 때 생겨날 수 있는 임금인상을 막습니다. 그뿐 아니라 워낙 저임금을 받고 일하기 때문에 농업노동의 가격을 전반적으로 떨어뜨리는 역할을 합니다.[김, 948; 강, 939] 작업단 덕분에 차지농업가 즉 농업 자본가로서는 노동자들의 수를 정상 수준보다 적게 유지할 수 있습니다. 더 낮은 임금으로 더 많은 노동을 뽑아낼 수 있는 추가 일손이 항시 대기 중이니까요. 이 때문에 성인 남성 노동자들은 더욱 과잉 상태가 됩니다. 작업단은 한편으로 농업노동인구의 상대적 과잉 때문에 생겨났지만(농업노동자들이 실업 상태이므로 먹고살려면 여성들과 아이들까지 일하러 나가야 했으니까요), 다른 한편으로 농업노동인구의 상대적 과잉을 만들어내고 있는 셈이지요.[김, 952; 강, 942~943]

마르크스가 묘사하는 작업단의 풍경은 참 씁쓸합니다. 작업단의 '보스'를 일부 지방에서는 '몰이꾼'(the driver)이라 부르는데요. 가축 떼를 몰아가듯 매일 5~6마일 떨어진 농장으로 수십 명의 노동자들을 몰아가기 때문입니다(이 '몰이꾼'들은 긴 막대기까지 사용했다고 합니다). 마르크스는 이 작업단의 보스가 어린아이들을 몰고 가는 모습을 '하멜른의 피리 부는 사나이'(Rattenfänger von Hameln)에 비유하고 있습니다. 아이들은 불량배 보스를 따라 그렇게 과로의 현장으로 끌려갑니다. 또한 불량배 보스를 따라 도덕적으로 타락하게 됩니다. 술

과 섹스, 아편에 노출되지요.[김, 950~951; 강, 941~942]

어떻게 과로와 타락이 함께하느냐고 묻는 것은 우스꽝스 럽습니다. 과로를 낳는 원리가 타락을 낳으니까요. 마르크스 의 표현을 빌리자면 지주의 "잡초 없는 논밭"은 "불결한 인간 잡초"(작업단) 덕분에 가능합니다.[김, 952; 강, 943] 어떻게 노 동인구가 과잉인 곳에서 노동력이 모자란다며 작업단을 만드 느냐고 묻는 것은 우스꽝스럽습니다. 노동인구의 과잉이 작 업단이 생겨난 배경이니까요. 어떻게 '믿기 어려울 정도로' 부 가 축적되는 사회에서 빈민들이 넘쳐나느냐고 묻는 것은 우 스꽝스럽습니다. 부를 축적하는 원리가 빈민을 축적하는 원 리니까요. 사실 두 극은 하나입니다. 막대자석을 두고 N극이 이렇게 강한데 어떻게 S극도 이렇게 강할 수 있느냐고 물으면 이상하겠지요. 이것이 자본주의입니다. 이것이 자본축적의 일반적 법칙입니다.

참고로 농촌의 '작업단'에 대한 '아동노동조사위원회'의 보고가 나오자 평소 지주계급에 비판적이었던 자유주의 계열 의 언론들은 어떻게 '고상한 신사 숙녀와 국교회 목사들'이 자기 눈앞에서 벌어진 일들을 묵인하고 있었느냐고 공격했 습니다. 반면 지주계급의 이해를 대변하는 신문들은 "자식들 을 그런 노예 상태로 팔아넘긴" 농민들의 타락에 초점을 맞추 었지요. '기계제 대공업'에 관한 장에서도 자기 아이들을 내 다 파는 '노예상인'이 된 부모들 이야기를 했었습니다. 노동 자 부모들이 아이들을 파는 '노예상인'이 되었다고요(『자본의 꿈 기계의 꿈』, 63쪽). 그때 마르크스는 이렇게 말했습니다. 부모들이 타락한 것은 자본주의가 먼저 그들을 과로와 빈곤으로 내몰았기 때문이라고, 다시 말해 아이들을 판매하고 학대하고 파괴하는 사람들은 과로와 빈곤 속에서 자신의 정신과 신체가 먼저 파괴된 그 사람들이라고(『자본의 꿈 기계의 꿈』, 67쪽). 여기서도 작업단에 아이를 판 것을 비난하는 '고상한 사람들'을 향해 마르크스는 이렇게 받아칩니다. "'고상한 사람들'이 농업노동자를 몰락시킨 저주스러운 상황에서라면 설사 농부들이 자기 아이들을 잡아먹었다고 해도 그리 놀라운 일이 아닐 것이다. 정말로 놀라운 것은 이들 농부들이 대부분 그대로 간직하고 있는 건전한 품성이다."[김, 952, 각주 116; 강, 943, 각주 180]

7

자본의 죄와
자본가계급의 운명

시인 호라티우스가 말한
로마인들의 저주받은 운명은
마르크스가 말한
'늙은 바다의 여왕'의 운명과 닮았습니다.
이 늙은 바다의 여왕은 '영국'이기도 하지만
'자본'이라고 해도 좋을 겁니다.
정복자인 늙은 여왕은 힘을 얻기 위해
많은 사람을 피 흘리게 했지만
그럴수록 젊은 공화국의 출현을 예감하며
악몽에 시달립니다. 자본가계급은
이 저주받은 운명을 선고받았습니다.
칼을 든 채 스스로 죽음을 향해 달려가는 운명을
벗어날 수가 없습니다.

반 고흐, 〈감자 먹는 사람들〉, 1885.

잉글랜드에서 일어난 일은 아일랜드에서 훨씬 악화된 형태로 반복되었다.
상대적 과잉인구 현상, 즉 일자리나 주거지에 비해
사람들이 너무 많아 보이는 현상이 인구가 크게 감소한 아일랜드에서도 나타났다.
차이가 있다면 '공업국'인 잉글랜드에서는 잉여노동자들이 일거리를 찾아
주로 공장 주변을 기웃거리는 '산업예비군'으로 나타났지만, '농업국'인 아일랜드에서는
주로 농장 주변을 기웃거리는 '농업예비군'으로 나타난다는 것뿐이다.

자본주의적 축적의 일반법칙을 예증하는 마지막 사례는 아일랜드입니다. 두 가지 이유에서 아일랜드의 사례는 중요한데요. 먼저 아일랜드는 1846~1866년 기간의 자본축적 법칙, 특히 자본주의적 인구법칙을 그 어떤 사례보다 더 선명하게 보여줄 수 있다는 점에서 중요합니다. 당시 아일랜드는 대기근 등으로 말미암아 인구가 30퍼센트 이상 줄어들었습니다. 그런데도 상대적 과잉인구 현상이 나타났습니다.

또한 아일랜드는 식민주의와 자본주의가 교차하는 사례라는 점에서 중요합니다. 아일랜드는 1801년 영국(그레이트브리튼 아일랜드 연합왕국)에 공식적으로 합병되었습니다. 아일랜드의 산업구조는 잉글랜드와의 관계 속에서 만들어졌습니다. 아일랜드는 잉글랜드에 곡물과 양모, 고기 등을 공급하는 농업 지역이 되었습니다. 아일랜드인들은 아일랜드에서는 잉글랜드인 지주의 땅에서 일했고, 잉글랜드에서는 잉글랜드 자본가의 공장에서 일했습니다. 이들은 잉글랜드 자본관계의 일부가 되었지만 잉글랜드 노동자계급이 맺는 것과는 다른 관계를 맺었습니다. 이 때문에 이들의 투쟁은 식민지 내지 주변부 민족의 해방 투쟁이 어떻게 자본주의 핵심 국가의 계급투쟁과 연관되는지를 생각할 기회를 제공합니다.

◦ 아일랜드에서 더 악화된 형태로 반복된 자본축적의 법칙

먼저 아일랜드에서 자본축적 법칙이 어떻게 관철되었는지 그것부터 살펴볼까요. 마르크스는 아일랜드의 인구와 생산물

통계를 제시하는데요. 아일랜드의 인구는 1841년에 822만 명 남짓이었습니다. 그런데 1851년에는 662만 명, 1861년에는 585만 명으로 크게 줄어들었습니다. 1846년 이후 지속된 흉년이 직접적 이유였습니다. 이로 인해 대기근이 발생했지요. 수많은 사람이 굶어 죽거나 이민을 떠났습니다.[김, 954; 강, 944] 대규모 인구 감소와 함께 생산량 감소가 나타났는데요. 1860~1865년 자료를 보면 곡물류, 채소류, 가축 등 거의 모든 영역에서 생산량이 감소했음을 확인할 수 있습니다.[김, 954~957; 강, 945~946]

그렇다면 자본축적은 어떻게 되었을까요. "아일랜드의 대지주, 대차지농업가, 산업자본가의 지갑" 말입니다.[김, 958; 강, 947] 소득세 자료를 살펴보면 1853~1864년 아일랜드 산업자본가(전문직 포함) 등의 소득 증가율은 연평균 0.93퍼센트인데요. 같은 기간 영국 전체(잉글랜드, 웨일스, 스코틀랜드, 아일랜드)의 평균이 4.58퍼센트이니 그에 비해 확실히 낮습니다. 그래도 이 기간에 아일랜드 인구와 생산물의 양이 크게 줄어든 점을 고려하면 소득이 늘어났다는 것 자체가 의외이기는 합니다.

마르크스는 만약 이런 식의 인구 유출이 "발전된 자본주의 생산국이자 공업국인 잉글랜드에서 일어났다면 치명적 타격을 입어 망했을 것"이라고 했습니다. 그런데 아일랜드는 독자적인 나라가 아니라 단지 해협으로 분리된 잉글랜드의 한 지역이 되었습니다. 지난 책에서 마르크스는 기계제 생산과 더불어 '국제분업' 구조가 나타난다고 했는데요. 지구의 한 부분은 공업 생산 위주 지역이 되고 다른 한 부분은 농업 생산 위주 지역이 된다고요(『자본의 꿈 기계의 꿈』, 144~145쪽). 산업이 국제적 차원에서 위계적으로 구조화되는 것이지요. 이것이 본국과 식민지의 관계에서는 더욱 강하게 나타납니다. 마르크스에 따르면 아일랜드는 "잉글랜드의 일개 농업 지대에 불과할 뿐 아니라 잉글랜드에 곡물, 양모, 가축 그리고 산업과 군대에 신병을 공급하는 지역"으로 전락했습니다.[김, 959; 강, 948] 따라서 공업이 발전하지 않았고 산업자본가가 중심을 차지하는 나라도 아닙니다. 중요한 지배계급은 지주들, 그것도 잉글랜드인 부재지주들이지요.

그럼 지주들의 수익은 어떻게 되었을까요. 인구가 줄었고, 곡물생산이 줄었으며, 사육하는 가축의 수도 크게 줄었습니다. 그런데 놀랍게도 이 시기 지대와 차지농업가의 이윤은 계속 증대했습니다(이윤의 경우 지대보다는 증가 폭이 작았습니다만). 인구와 생산물의 절대적 감소에도 불구하고 자본축적이 진행된 것이지요.[김, 959; 강, 949]

어떻게 이런 일이 가능했을까요. 먼저 작은 농장들이 큰 농장에 합병되면서 집중의 효과가 났습니다. 그리고 경작지들이 목초지로 전환되면서 총생산물에서 잉여생산물의 비중이 커졌습니다. 생산성이 증대한 겁니다. 게다가 이 시기 잉글랜드의 육류와 양모의 시장가격이 지속적으로 상승했습니다. 농사짓는 것보다 소와 양을 키우는 것이 이득인 구조가 만들

어진 거죠.[김, 960; 강, 949]

앞서 말한 것처럼 아일랜드의 공업이나 상업에서는 총자본이 크게 늘지 않았습니다. 축적이 서서히 진행되었다고 할 수 있습니다. 그러나 주의할 필요가 있습니다. 인구의 감소 상황을 고려하면 총자본은 상대적으로는 상당한 속도로 늘었다고 말할 수도 있으니까요. 게다가 총자본과 개별 자본의 축적은 다릅니다. 집중의 효과가 있으니까요. 영세 자본가들이 몰락하고 대자본가 중심으로 축적이 일어날 수 있습니다. 마르크스에 따르면 아일랜드에서 개별 자본의 축적은 상당히 빠르게 진행되었습니다.[김, 960; 강, 949]

한편으로는 인구가 줄어들었고 다른 한편으로는 자본이 늘어났습니다. "1846년의 아일랜드 기근 때문에 100만 명 이상의 사람이 죽었는데"도, "이 나라의 부는 아무런 손상도 입지 않"았습니다. 게다가 아일랜드를 떠난 가난한 이주자들은 머나먼 타국에서 아일랜드에 남아 있는 사람들에게 송금까지 했습니다. 인구 유출이 "매우 수익성 좋은 부문의 하나"가 되었지요.[김, 961; 강, 950] 마치 '맬서스의 법칙', '정통파 경제학의 도그마'가 입증이라도 된 것처럼 보입니다. 빈곤은 인구의 절대적 과잉에서 생겨난 것이고, 빈곤에서 벗어나려면 인구를 줄여야 한다는 주장 말입니다.[김, 960; 강, 949]

과연 아일랜드는 인구의 절대적 감소, 그것도 빈민의 절대적 감소 덕분에 부를 축적한 걸까요. 그렇지 않습니다. 마르크스에 따르면 아일랜드에서 그렇게 많은 사람이 굶어 죽고 또 이민을 갔음에도 여전히 상대적 과잉인구 현상이 나타났습니다.[김, 961; 강, 951] 어디서나 일거리와 주거지를 찾는 사람들이 넘쳐났지요. 대기근이 시작된 1846년과 비교할 때 상대적 과잉인구의 규모가 전혀 줄어들지 않았습니다. 인구의 절대적 감소에도 불구하고 이 감소분을 만회하는, 심지어 그것을 상회하는 인구가 '산업적으로' 생산되고 있었기 때문입니다.

먼저 농업 부문에서 하나의 혁명이 일어났습니다. 경작지가 대거 목초지로 전환되었지요.[김, 962; 강, 951] 인구 감소로 농업노동자들이 모자랐기 때문이 아닙니다. 목초지로의 전환이 더 많은 수익을 냈기 때문이죠. 자본주의적 농업이 본격화되었기 때문에 전환이 더 빠른 속도로, 더 큰 규모로 이루어졌을 겁니다. 이 전환은 농업노동자의 부족에서 생기지 않았지만, 농업노동자의 과잉을 낳기는 했습니다. 목축은 경작만큼 많은 노동자를 필요로 하지 않았으니까요. 게다가 자본주의적 농업이 본격화되면 경쟁이 치열해집니다. 그리고 경쟁에서 밀린 중소 차지농업가들은 새로운 노동인구로 편입되지요. 이런 상황을 더 악화시킨 것은 경작의 기계화입니다. 기존 경작지들에서도 기계화로 인해 잉여노동자들이 배출되었습니다.

이렇게 양산된 상대적 과잉인구는 다시 더 많은 과잉인구를 낳는 원인이 됩니다. 앞 장에서 살펴본 바 있는 산업예비군 효과 때문입니다. 현역노동자군은 산업예비군의 존재 때문에 더 긴 시간의 노동, 더 높은 강도의 노동을 견뎌냅니다. 한마디로 더 많은 노동을 투입하는 겁니다. 그러면 자본가로서는 그만큼 고용을 줄일 수 있겠지요. 게다가 농업에는 또 다른 요인이 있습니다. 지주에게 땅을 빌려 경작하는 소작이라는 제도가 있지요. 지주로서는 소작 농민들에게 경작을 맡기는 것이 유리한 경우가 많았습니다. 경작에 필요한 많은 비용을 농민에게 떠넘기고 더 많은 잉여생산물을 취할 수가 있었으니까요. 소작 농민들이나 소차지인들은 자기 밭보다 지주의 밭에서 더 열심히 일했습니다. 다음에도 땅을 빌리려면 그럴 수밖에 없지요.[김, 967; 강, 955]

농촌에서의 주택 철거가 인구의 상대적 과잉 상황을 더욱 악화했습니다. 앞에서 우리는 잉글랜드의 농촌 곳곳에서 농민들의 주택이 철거되는 것을 확인했는데요. 이 일은 아일랜드에서도 일어났습니다. 그것도 많은 사람이 굶어 죽은 대기근의 시기에 말입니다. 먹을 게 없고 머무를 곳을 잃어버린 많은 농업노동자들은, 마르크스의 표현을 그대로 옮기면, "다락방, 움막, 지하실, 그리고 최악의 지역 한 귀퉁이에 쓰레기처럼 내던져"졌습니다.[김, 965; 강, 954] 잉글랜드 극빈층의 사람들에 대해 '인간쓰레기'라는 표현이 사용되었다고 했는데요. 아일랜드인들이 바로 그랬습니다. 영국에서 살아가는 (혹은 죽어가는) 극빈층 중의 극빈층은 아일랜드인이었습니다. 농촌과 농업에서 일어난 이 모든 상황이 자본축적과 함께 잉여노동자의 축적을 낳았습니다.

아일랜드의 공업은 이들 잉여노동자를 흡수할 수 있는 상황이 아니었습니다. 식민지적(혹은 주변부적) 산업구조는 아일랜드에서 공업의 발전을 어렵게 했습니다. '아마포 제조업'이 아일랜드에서 '유일한' 대공업이었는데요. 1860년대 들어 이 산업의 규모는 커졌지만 작업과정의 특성상 성인 남성 노동자들을 많이 필요로 하지 않았습니다. 그나마 농촌의 잉여노동력을 흡수한 곳은 농촌에 산재한 셔츠공장들이었는데요. 대부분이 저임금과 과로를 특징으로 하는 영세 가내공장들이었습니다.[김, 962; 강, 951]

잉글랜드에서 일어난 일은 아일랜드에서 훨씬 악화된 형태로 반복되었습니다. 상대적 과잉인구 현상들, 즉 일자리나 주거지에 비해 사람들이 너무 많아 보이는 현상이 인구가 크게 감소한 아일랜드에서도 나타난 겁니다. 차이가 있다면 '공업국'인 잉글랜드에서는 잉여노동자들이 일거리를 찾아 주로 공장 주변을 기웃거리는 '산업예비군'으로 나타나지만 '농업국'인 아일랜드에서는 주로 농장 주변을 기웃거리는 '농업예비군'으로 나타난다는 것뿐입니다.[김, 967; 강, 955~956]

인구가 늘어나던 잉글랜드가 아니라 인구가 감소한, 그것도 무려 30퍼센트 이상 감소한 아일랜드에서 상대적 과잉인구 현상이 나타났다는 것은 중요합니다. 이는 인구를 줄여야 부가 늘어난다는 맬서스의 인구법칙이 아니라, 자본축적이 상대적 과잉인구를 낳는다고 하는, 마르크스가 말한 '자본주의 인구법칙'을 확인해줍니다. 자본주의에서는 부의 축적이 빈곤의 축적을 낳고 잉여노동자, 잉여인간의 축적을 낳는다는 것 말입니다.

마르크스가 왜 그렇게 맬서스의 인구론에 분개했는가를 다시 확인하게 되는데요. 맬서스가 자연법칙으로 내세운 인구와 빈곤의 관계는 자본주의와 식민주의의 문제를 은폐합니다. 맬서스는 인구가 '본래', '자연적으로' 식량에 비해 빠른 속도로 늘어나는 경향이 있고, 이런 인구 증가가 빈곤의 원인이라고 했습니다. 그런데 인구가 크게 줄어든 아일랜드는 왜 가난하며, 왜 과잉인구 현상이 나타났을까요. 맬서스의 추종자들은 동어반복에 불과한 답변을 합니다. 인구가 많으면 빈곤한데, 빈곤하다는 것은 인구가 여전히 많다는 뜻이라고요. 즉 아일랜드의 빈곤을 해결하려면 아일랜드인을 더 줄여야 한다는 겁니다.

마르크스가 그 '인간다움'을 조롱한 신사 더퍼린 경(Lord Dufferin)이 그런 제안을 내놓았습니다. 마르크스에 따르면 그는 "아일랜드 주민의 수가 감소함에 따라 아일랜드의 지대액이 늘어간다"라는 사실에 주목합니다. 지주와 자본가의 지대 및 이윤의 증가가 인민의 빈곤 증대와 어떤 관계가 있는지에 대해서는 관심이 없었습니다. 그에게는 단지 인구가 줄어들면서 부(사실은 자신과 같은 지주들의 부)가 늘어났다는 사실만이 중요했습니다. 인구가 줄어들면 지대가 늘어나기에 지주에게 이익이고, 지주에게 이익이면 그 지주에게 속해 있는 토지나 인민에게도 이익이라는 식으로 추론했지요(오늘날에도

211

경제신문들에 흔히 나오는 이야기입니다. 기업이 잘되면 거기 딸려 있는 노동자들 그리고 더 나아가 온 국민이 잘살게 된다고 하는 주장 말입니다).[김, 969~970; 강, 958]

더퍼린은 "완전한 행복을 누리려면 아일랜드는 최소한 100만 명의 3분의 1" 즉 30만~40만 명을 더 "방출해야 한다"라고 주장했습니다. 마르크스는 그가 농장의 집중을 고려하지 않았다며 그의 취지를 살려 계산을 고쳐주는데요. 작은 농장들이 큰 농장으로 흡수되면 상대적 과잉인구는 더 늘어나므로 이 점을 고려해야 한다는 것이지요. 이것을 계산에 포함하면 더퍼린이 말한 '완전한 행복'을 위해서는 200만 명 정도의 추가 방출이 필요합니다. 당시 아일랜드 인구가 350만 명이었으니 전체 인구의 60퍼센트 가까이를 몰아내야 한다는 것이지요.[김, 971; 강, 959~960]

그런데 이처럼 아일랜드인의 행복에 대해 조언하는 더퍼린은 사실 아일랜드에 넓은 땅을 지닌 잉글랜드인 대지주였습니다. 그는 부재지주로서 식민지 아일랜드에서 막대한 이윤을 취하고 있던 사람입니다. 정말 분노할 만한 일이지요. 그와 같은 사람들이 부를 축적하는 과정에서 아일랜드의 상대적 과잉인구가 나타났는데, 아일랜드의 가난을 인구 탓으로, 그것도 빈민이 너무 많은 탓으로 돌리고 있으니까요. 그러면서 그는 아일랜드가 부유해지려면 빈민들을 몰아내고 소와 양을 키워야 한다고, 빈민들의 나라를 '목양의 나라'(grazing country)로 만들어야 한다고 말한 겁니다.[김, 972, 각주 139;

○ 혁명의 지렛대

아일랜드의 사례는 계급투쟁과 관련해서도 중요하다고 했는데요. 마르크스는 자본축적의 일반법칙을 예증하겠다며 영국의 공업 프롤레타리아트와 농업 프롤레타리아트의 사례를 제시한 후 아일랜드 사례를 제시했습니다. 한 민족을 공업 프롤레타리아트나 농업 프롤레타리아트처럼 프롤레타리아트의 한 유형으로서 별도로 다루고 있는 겁니다.

우리는 이런 구성을 엥겔스의 『영국 노동자계급의 상태』(1845)에서 찾아볼 수 있습니다. 일찍이 엥겔스는 영국의 산업 프롤레타리아트와 나란히 '아일랜드 이주민'을 다루었습니다. 영국 노동자계급의 참상을 열거하면서 "사다리 맨 아래 계단",[68] "모든 대도시의 가장 열악한 구역"에는 "아일랜드인들이 살고 있"다고 했습니다. 그리고 아일랜드에서 공급되는 '대규모 산업예비군'이 없었다면 잉글랜드의 산업은 빠르게 확장할 수 없었을 것이라고 했지요.[69]

여러 산업에 퍼져 있는 아일랜드인들을 왜 별도로 묶어야 할까요. 이들의 투쟁은 어떤 의미를 가질까요. 이들의 투쟁은 영국의 노동자계급이 자본가계급과 벌이는 투쟁과는 다를 수밖에 없습니다. 아일랜드인들에게 지주와 자본가계급은 타민족인 영국인(이를테면 더퍼린)의 얼굴을 하고 있으니까요. 아일랜드인들에게는 계급투쟁이 민족해방 투쟁으로 혹은 민족해방 투쟁이 계급투쟁으로 나타날 수밖에 없습니다.

아일랜드와 영국의 관계는 어떤 면에서 인도와 영국, 중국과 영국의 관계이기도 합니다. 실제로「영국의 인도 지배」(1853)에서 마르크스는 인도를 "동양의 아일랜드"라고 말한 바 있습니다(『거인으로 일하고 난쟁이로 지불받다』, 204쪽). 이 글에서 마르크스는 인도를 침략한 영국의 잔학성을 비난하면서도 인도의 낡은 질서를 파괴하고 근대사회의 물질적 기초를 놓는 영국의 역사적 과업을 인정한 바 있습니다. 물론 영국의 지배가 인도인들에게 자유와 해방을 가져다줄 거라고 생각한 것은 아닙니다. 그는 인도의 해방을 위한 두 가지 길이 있다고 했는데요. 하나는 스스로 강해져 영국의 멍에를 벗어던지는 것이고, 다른 하나는 영국에서 산업 프롤레타리아트가 권력을 장악하는 것입니다. 당시 마르크스는 전자(탈식민주의 혁명)보다는 후자(노동자계급의 혁명)의 가능성을 높게 봤습니다(『거인으로 일하고 난쟁이로 지불받다』, 206~207쪽). 영국 노동자계급을 인도의 해방자로 생각한 것이지요.

그래도 이 글을 쓰던 1850년대에는 서구 중심적이고 노동자계급 중심적인 혁명관이 이전보다는 많이 옅어진 편입니다. 1840년대에는 이런 생각이 훨씬 강했습니다. 이를테면 1847년 폴란드 문제에 대한 연설에서 마르크스는 민족들의 착취 문제가 해결되려면 프롤레타리아트 계급이 승리해야 한다고 했습니다. 특히 가장 선진적인 자본주의 국가인 영국에서의 계급투쟁이 결정적이라고 했지요. "폴란드는 폴란드에서가 아니라 영국에서 해방될 수 있습니다."[70] 이것이 그의 말이었습니다. 폴란드만 그렇다고 생각하지는 않았을 겁니다. 인도도, 아일랜드도 모두 그렇다고 생각했겠지요.

이 점에서 『자본』 제23장의 마지막 단락은 큰 의미가 있습니다. 마르크스의 생각에 큰 변화가 있음을 보여주거든요. 아일랜드의 빈곤을 해결하기 위해 더 많은 아일랜드인들을 추방해야 한다는 더퍼린의 견해를 소개한 뒤 마르크스는 이렇게 말합니다. "이 세상 모든 좋은 일이 그렇듯이 수익성 좋은 이 방법에도 폐해가 있다. 아일랜드에서 지대가 축적되는 것에 맞추어 아메리카에서는 아일랜드인들이 축적된다. 양과 소에 의해 쫓겨난 아일랜드인들이 대양의 저편에서 페니언(Fenian)이 되어 일어서고 있다. 그리고 늙은 바다의 여왕(Seekönigin)에 맞서 젊은 거대한 공화국(Riesenrepublik)이 점점 위협적인 존재로 떠오른다."[김, 971~972; 강, 960]

대단한 역설이죠. 더 많은 부를 축적하기 위해서는 더 많은 추방이 필요한데 그 추방이 부의 축적을 위협하는 존재들을 양산합니다. 영생을 위한 길이 죽음을 재촉하는 길이기도 합니다. 여기서 특히 눈길을 끄는 것은 '늙은 바다의 여왕' 즉 영국을 무너뜨릴 존재가 나라를 잃은 식민지인들, 아일랜드를 떠난(아일랜드에서 추방된) 이민자들이라는 점입니다. 이것은 마르크스의 과거 생각과는 반대입니다. 영국 노동자계급이 여왕을 무너뜨림으로써 아일랜드가 해방되는 게 아니라, 아일랜드인들의 독립투쟁이 영국 여왕을 무너뜨릴 것이라고 말하는 셈이니까요. 영국 노동자계급이 식민지 아일랜드인들을 구원하는 게 아니라, 식민지 아일랜드인들이 영국 노동자계급을 구원한다는 겁니다.

이것은 결코 과도한 해석이 아닙니다. 『자본』을 출간하고 얼마 지나지 않았을 때인 1869년 마르크스는 엥겔스에게 이런 편지를 보냈습니다. "나는 오랫동안 영국 노동자계급이 우위를 차지함으로써 아일랜드 체제를 전복시키는 것이 가능하리라 믿었네. 『뉴욕 트리뷴』에서 항상 이런 관점을 취했지. 더 깊은 연구를 통해 이제 나는 그 반대라는 것을 확신하게 되었네. 영국 노동자계급은 아일랜드를 [연합에서] 제거하기 전에는 아무것도 이룰 수 없을 것이네. 지렛대는 아일랜드에 갖다 대어야 하네. 아일랜드 문제가 사회운동에 그토록 중요한 이유가 여기에 있네."[71] 마르크스는 대체로 1850년대까지도 이어져오던 생각, 즉 '혁명의 지렛대가 놓일 곳은 영국'이라는 견해를 바꾼 겁니다.

이런 변화는 한편으로 비서구사회, 비자본주의사회의 전통적 공동체에 대한 견해가 바뀌어가던 중에 나타난 것입니다. 자본주의 주변부 사회에 대한 마르크스의 생각을 추적한 케빈 앤더슨(Kevin Anderson)에 따르면, "1840년대와 1850년대 사이, 인도와 러시아에 대한 마르크스의 관점은 비교적 무비판적인 근대주의로부터 사회 내부에서 형성된 해방의 잠재성을 고려하는 관점으로" 바뀌어갑니다."[72] 그리고 그의 생각은 계속해서 변화해, 말년에는 새로운 사회형태에 대한 영감을 이런 공동체에서 발견할 정도가 되었습니다. 새로운 사회 형태란 "태곳적 사회형태"를 "고차적 형태로 재탄생시키는" 것이라고까지 했지요. 1882년에 쓴 『공산주의자 선언』러시아어판 서문에서는 "러시아혁명이 서구 프롤레타리아트 혁명의 신호"가 될 수 있다는 말도 했습니다(『거인으로 일하고 난쟁이로 지불받다』, 210쪽) 서구의 혁명이 러시아를 구원하는 게 아니라 러시아혁명이 서구 혁명의 시작이 될 수 있다는 거죠. 이는 아일랜드의 경우에서 얻은 깨달음을 재확인한 것이라고 할 수 있습니다. 세계혁명의 지렛대를 중심이 아니라 주변에 둔 거죠.

그러나 마르크스의 생각이 점진적으로만 변한 것은 아닙니다. 생각의 변화에는 급격한 변곡점이 있기 마련입니다. 나는 마르크스가 『자본』을 집필하던 이 시기, 무엇보다 아일랜드 문제에 관심을 가진 이 시기가 매우 중요한 변곡점이라고 생각합니다.[73] 특히 여기에는 페니언단을 중심으로 한 아일랜드인들의 투쟁이 중요한 계기를 제공했다고 봅니다. 페니언단은 아메리카에 이주한 아일랜드인들을 기반으로 탄생한 독립운동 단체입니다. 이들은 아메리카에서는 물론이고 잉글랜드와 아일랜드에서도 활발한 투쟁을 벌였습니다. 마르크스가 이끌던 국제노동자협회(인터내셔널)는 1860년대 중반부터 페니언 단원들과 관계를 맺었습니다. 마르크스는 수감 중인 페니언 단원의 석방 운동에도 적극 나섰습니다. 엥겔스에게 보낸 편지에서 그는 "가능한 모든 수단을 동원해서 영국 노동자

들이 페니언주의에 찬성하는 시위를 하도록 노력"했다고 썼습니다.[74]

　　　　　　　◦ 페니언주의는 무엇이 다른가

마르크스는 페니언단의 투쟁이 과거 아일랜드인들의 투쟁과는 다르다고 생각했습니다. 『자본』을 출간한 해인 1867년 그는 런던의 독일노동자교육협회에서 많은 노동자를 모아놓고 아일랜드 문제에 대한 강연을 했는데요. 이 강연의 첫 마디가 '페니언주의는 무엇이 다른가'였습니다.[75]

　　첫째, 페니언주의는 과거와는 완전히 다른 사회경제적 조건에서 출현했습니다. 영국이 아일랜드를 지배하고 착취한 지는 아주 오래되었습니다. 19세기 영국인들은 아일랜드인들의 격렬한 독립투쟁에 무척 당혹스러워했는데요. 과거에 비하면 훨씬 온건한 통치를 한다고 생각했기 때문입니다. 그런데 마르크스는 이것이 영국인들의 무지를 보여준다고 말합니다. 엘리자베스나 크롬웰이 야만적으로 아일랜드인들을 몰아낸 것과 양과 소를 키우기 위해 아일랜드인들을 몰아내는 것의 차이, 다시 말해 과거의 추방과 자본주의적 추방의 차이를 알지 못한다는 것이지요. 한마디로 1846년 이후 아일랜드에서 일어난 사회경제적 변화를 전혀 알지 못하고 있다는 뜻입니다.[76] 마르크스는 강연에서 "1846년 이후의 억압은 형식적으로는 덜 야만적이었다고 하더라도 결과적으로는 더 파괴적이었다"라고, 그래서 "잉글랜드가 자발적으로 아일랜드를 해

방하거나 아일랜드가 생사를 걸고 투쟁하는 것 외에는 대안
이 남아 있지 않"은 상황이 되었다고 했습니다.[77]

둘째, 과거 아일랜드의 저항운동은 귀족이나 중간계급,
가톨릭 성직자들이 이끌었습니다. 그러나 마르크스에 따르면
페니언주의는 인민대중, 그것도 하층의 인민대중에 뿌리를
박고 있습니다.[78] 이 점은 페니언주의가 민족운동의 성격과
함께 계급운동의 성격을 갖는다는 걸 보여줍니다. 독립투쟁
의 주체가 프롤레타리아트의 형상을 하고 있다는 것이지요.

마르크스는 이 두 가지 요인이 아일랜드 독립투쟁을 과
거와는 다른 것으로 만들었다고 보았습니다. 단순히 억압 민
족에 대한 피억압 민족의 항거가 아니라 자본주의적 착취와
추방에 맞서는 프롤레타리아트의 투쟁이라는 것이지요. 이것
이 마르크스가 민족주의 운동인 페니언주의에서 '사회주의'
냄새를 맡은 이유입니다.[79]

마르크스는 아일랜드의 독립은 영국 노동자계급 자신을
위해서도 꼭 필요한 일이라고 주장했습니다. 그에 따르면 아
일랜드는 영국의 지주계급과 자본가계급의 보루라 할 수 있
습니다. 영국 지주계급은 아일랜드의 지주제도에 의존하고
있었고, 아일랜드에서 생산된 양모와 고기, 잉여노동자 들은
영국 자본가의 잉여가치 생산에 크게 기여했습니다. 또한 영
국인 노동자들과 아일랜드인 노동자들의 분열이 영국 자본가
계급의 통치를 돕습니다. 이 모든 상황은 아일랜드인들이 식
민지적 예속 상태에 있는 한 영국의 노동자계급도 자본가에

대한 예속을 떨쳐낼 수 없음을 보여줍니다. 마르크스는 1870
년에 쓴 한 편지에서 이렇게 말했습니다. "[인터내셔널의 과제
는] 영국 노동자계급의 의식을 일깨워, 아일랜드의 민족해방
은 추상적 정의나 인도주의적 감정의 문제가 아니라 그들 자
신의 사회적 해방을 위한 첫 번째 조건이라는 것을 깨닫게 하
는 겁니다."[80]

나는 마르크스가 아일랜드 문제를 통해 보여준 이런 사
고의 전환을 더 일반화하고 싶습니다. 이것은 영국 노동자계
급과 아일랜드인들에게만 해당하는 이야기가 아닙니다. 시리
즈의 11권인 이번 책에서 우리는 노동자계급의 운명을 다루
었는데요. 마르크스가 말한 이 운명의 주인공들은 산업예비
군, 잉여노동자, 식민지인입니다. 모두가 자본관계의 내부가
아니라 주변에 있는 존재들이지요. 자본관계에 귀속되어 있
지만 내부에 존재하지는 않는 사람들입니다.

마르크스가 노동자계급의 운명을 이들에게서 확인하는
것은 조만간 노동자계급 다수의 운명이 이들처럼 될 것이라
는 생각 때문일 수도 있지만, 그보다는 이들이야말로 자본주
의에서 노동자계급의 운명이 어떤지를 가장 선명하게 보여주
는 존재이기 때문일 겁니다. 즉 미래에 대한 예측이라기보다
현재에 대한 규정으로서 이들이 중요하다는 것이지요.

우리는 어떤 것을 규정하거나 정의할 때 중심 내지 내부
에 주목하는데요. 실제로 규정이 선명한 곳은 중심이 아니라
경계, 한계, 주변입니다. 이것은 언젠가도 말한 것처럼 '규정'

내지 '정의'를 뜻하는 라틴어 'definitio'가 'finis' 즉 경계를 정하는 일, 한계를 긋는 일이라는 것과도 통합니다. 국경을 통해 영토가 정의되는 것과 같은 이치지요. 주권의 규정이 가장 강한 곳은 수도가 아니라 국경입니다. 마찬가지로 노동자계급에 대한 자본의 주권이 가장 선명하게 드러나는 곳도 노동자계급의 경계, 한계에 있는 사람들이라고 할 수 있습니다. 자본관계의 중심에 있는 노동자들이 아니라 그 관계 주변에 있는 노동자들 말입니다.

나는 영국 노동자계급이 아일랜드의 해방을 자기 해방의 '첫 번째 조건'으로 받아들여야 한다는 마르크스의 말을 중심노동자들이 주변노동자들의 해방을 자기 해방의 '첫 번째 조건'으로 받아들여야 한다는 말로 바꾸고 싶습니다. 과거에는 거대 노동조합으로 조직된 중심노동자들, 거대 사업장의 정규직 노동자의 처지가 개선되어야 낙수효과처럼 노동조합을 갖지 못한 영세업체의 노동자나 비정규직 노동자, 실업자의 처지도 개선될 수 있다는 주장이 많았습니다. 그러나 이들 주변노동자들, 잉여노동자들의 처지가 개선될 수 없는 한에서, 그리고 이들이 계속해서 자본축적을 가속화하는 원천이 될 뿐 아니라 노동자계급을 통제하는 효과적 장치로 기능하는 한에서 중심노동자 곧 정규직 노동자의 처지도 근본적으로 나아질 수 없습니다.

이는 엥겔스가 『영국 노동자계급의 상태』를 출간한 지 반세기가 지난 뒤 새로운 서문을 붙이면서까지 말하고자 했던 바이기도 합니다. 그는 기성(旣成) 노동조합들이 "임금체계를 완전히 확정된 최종 사실로, 그리고 기껏해야 조합원들의 이익을 위해서만 변경할 수 있는 사실로 여긴다"라고 비판했습니다.[81] 자본주의적 예속에서 벗어날 생각이 없고 다만 조금 더 높은 임금을 받기 위해서만, 그리고 자기 조합원들의 이익을 위해서만 행동한다는 거죠. 엥겔스는 이들이 아니라 런던의 변두리인 '이스트엔드'(East End)의 노동자들, 이 '궁핍의 거대한 소굴'에 사는 미숙련노동자들, 잉여노동자들에 주목했습니다. 그리고 여기서 시작된 운동이 기성의 노동조합을 각성시키고 노동운동을 이끌어가길 기대했습니다.

물론 자본관계의 주변에는 노동자들만 존재하는 게 아닙니다. 자본의 '이스트엔드', 자본의 국경에는 추방된 채로 붙들려 있는(배제된 형태로 포함되어 있는) 더 많은 존재가 있습니다. 주부들이 있고, 원주민들이 있고, 동물들이 있고, 자연생태계가 있습니다. 가치체계 바깥으로 밀려난, 그러나 가치증식에 동원되고, 가치를 인정받지 못한 채로 착취당하는 존재들입니다. 아일랜드인들과는 또 다른 형상의 프롤레타리아트라고 할 수 있지요. 우리가 혁명의 지렛대를 어디까지 밀어 넣을 수 있는가, 이것에 따라 혁명을 통해 세계를 어디까지 이동시킬 수 있을지가 결정될 겁니다.

∘ 자본의 죄명은 '혈육 살해'

나는 『자본』 전체를 자본의 범죄에 대한 추적이자 그 범죄에 관한 기소문처럼 읽고자 했습니다. 이제 최종 죄명을 밝혀야 할 때가 되었습니다. 마르크스가 제23장 맨 끝에 인용한 로마 시인 호라티우스(Horatius)의 시구가 아주 적절한 것 같습니다. "가혹한 운명이 로마인들을 괴롭히도다, 혈육 살해의 죄악이 벌어졌으니."[김, 973; 강, 960] 자본주의에서는 인간이 인간을 착취하고, 인간이 인간을 죽이고, 인간이 인간을 먹습니다. 그야말로 혈육 살해의 죄, 동족 살해의 죄, 식인의 죄라고 할 수 있지요.

마르크스가 인용한 호라티우스의 시구는 「비방시」epode VII에 나오는 것인데요.[82] 여기서 호라티우스는 로마가 스스로 멸망의 길로 미친 듯 뛰어가고 있다고 말합니다. 늑대나 사자들도 다른 종이 아니라면 공격하지 않는데 로마인들은 도무지 칼을 놓지 못합니다. 사람을 죽이는 전쟁을 계속하고 있다는 것이지요. 그런데 정복자인 로마인들은 스스로의 운명에 쫓기는 신세입니다. 로마인들은 저주받았습니다. 호라티우스에 따르면 로마의 저주받은 운명은 건국할 때부터 시작되었습니다. 무구한 레무스(Remus)의 피가 대지를 적신 후 로마는 혈육을 살해한 그 저주받은 운명에서 벗어나지 못하게 되었다는 것이지요.

호라티우스가 말한 로마인들의 저주받은 운명은 마르크스가 말한 '늙은 바다의 여왕'의 운명과 닮았습니다. 이 늙은 바다의 여왕은 '영국'이기도 하지만 '자본'(전제군주 자본)이라고 해도 좋을 겁니다. 정복자인 늙은 여왕은 힘을 얻기 위해 많은 사람을 피 흘리게 했지만 그럴수록 젊은 공화국의 출현을 예감하며 악몽에 시달립니다. 자본가계급은 이 저주받은 운명을 선고받았습니다. 칼을 든 채 스스로 죽음을 향해 달려가는 운명을 벗어날 수가 없습니다.

이렇게 해서 『자본』 I권의 '자본의 생산'에 관한 이야기가 끝났습니다. 자본이 어떤 식으로 증식하고 축적하는지, 자본이 노동자를 어떻게 착취했는지에 대한 이야기가 모두 끝났습니다. 이번 책은 노동자계급의 운명에 대한 비탄으로 시작했지만 자본가계급의 운명에 대한 저주로 끝을 맺습니다. 다음 책이 우리 〈북클럽『자본』〉 시리즈의 마지막 권인데요. 거기서 우리는 자본이 무구한 레무스를 살해한 이야기, 즉 자본의 왕국이 만들어질 때 자본이 어떤 범죄를 저질렀는지를 보게 될 겁니다. 우리의 여정이 끝나갑니다.

I——'정직하고 머리 좋은' 맨더빌

II——임금노동자는 프롤레타리아트인가

I —— '정직하고 머리 좋은' 맨더빌

부의 축적을 위해서는 빈곤의 축적이 필요하다는 것. 마르크스는 이 사실을 솔직하게 인정한 18세기 작가 중의 한 사람으로 버나드 맨더빌을 꼽았습니다. 맨더빌은 당대에 대단한 악명을 떨친 책 『꿀벌의 우화』(1714)의 저자입니다. 사람들이 그의 이름 '맨더빌'(Mandeville)을 '맨-데빌'(Man-devil) 즉 '인간악마'라고 바꿔 읽고 도덕 질서를 어지럽힌다며 고발까지 했다고 하니 당시 분위기를 짐작할 수 있을 겁니다.[83]

이 책은 아주 짧은 우화입니다. 부제가 '개인의 악덕, 사회의 이익'인데요. 부제가 말하는 것처럼 개인의 악덕이 사회를 발전시킨다는 생각을 담고 있습니다. 이런 생각을 벌과 벌집으로 표현한 것인데요. 벌과 벌집은 각각 개인과 사회를 나타냅니다. 내용을 간략히 소개하면 다음과 같습니다.[84]

세상 어디엔가 대단히 풍요로운 벌집이 있었습니다. 먹고 입을 것이 많았지요. 벌집이 이처럼 풍요로웠던 것은 유덕한 벌들이 살았기 때문이 아닙니다. 탐욕과 사치, 시샘, 오만 등 온갖 악덕을 가진 벌들이 살았지요. 모두가 더 갖지 못해 안달했습니다. 하지만 그런 악덕들로 인해 벌들은 사업을 키우고 시장을 돌게 하고 일자리를 창출했습니다. 그래서 벌집 구석구석을 보면 악으로 가득한데 전체를 보면 낙원이었습니다. 그런데 어느 날 벌 한 마리가 신에게 기도를 합니다. 모두가 정직하게 살게 해달라고. 신이 그 소원을 들어주었습니다. 갑자기 모든 벌이 거짓말을 할 수 없게 되었지요. 모두가 정직하고 검소한 삶을 살기 시작했습니다. 그렇지만 거짓말을 못하니 상인들이 사라졌고 검소한 삶을 사니 산업들이 무너졌습니다. 욕망을 버린 벌들은 나중에 벌집까지 버리고 나무 구멍에서 살아갔습니다.

당시 출간된 우화집들은 끝부분에 작가가 교훈의 말을 남기는데요. 맨더빌은 이렇게 적었습니다. "세상의 편리함을 누리며 전쟁에서 이름을 떨치고 풍족하게 사는 것이 커다란 악덕 없이도 된다는 것은 머릿속에나 들어 있는 헛된 꿈나라 이야기일 뿐이다."[85] 머리말에도 비슷한 이야기를 적었습니다. "황금시대에나 있을 법한 미덕과 순수함으로는, 부지런하고 부유하고 힘센 나라에서 누릴 수 있는 편하고 훌륭한 삶을 얻기를 바랄 수 없다"라고요.[86]

맨더빌은 많은 사상가가 '사람은 어떠해야 하는지'만을 가르칠 뿐 '사람이 참으로 어떤지'는 신경 쓰지 않는다고 비판했습니다. 사람의 본성을 그대로 보지 않고 도덕적으로 훈계만 하려 든다는 거죠. 그는 인간의 본성을 악덕이라고 비난하는 대신 그것을 잘 조직해야 부유한 사회가 될 수 있다고 했습니다. 개인의 악덕을 사회에 유익하게 조직하는 것을 '지혜로운 정치'라고 했지요.[87]

사실 맨더빌이 떠올린 개인과 사회는 초역사적인 것이 아니라 그가 살던 시대, 즉 자본주의에 잘 맞습니다. 벌집은 자본주의사회 그대로입니다. 자연의 벌집과는 완전히 다르지요. 집단적 생산체제가 아닙니다. 맨더빌의 벌집에서는 일부 벌이 다른 벌들을 고용해 물건을 만들고, 그 물건을 시장에 내다 팔아 이윤을 챙깁니다. 모두가 사적 이익(interest)에 혈안이 되어 있습니다. 벌집은 자본주의사회이고, 벌들은 자본주의적 인간입니다.

실제로 어떤 학자들은 이 작품을 인간과 사회에 대한 새로운 관념(자본주의적 관념)이 출현한 증거로 제시합니다. 이를테면 마르셀 모스(Marcel Mauss)는 "이윤과 개인이라는 관념이 널리 퍼지고 [사회의] 원리 수준까지 올라간 것은 합리주의와 상업주의가 승리했을 때"라며 『꿀벌의 우화』를 기점으로 잡았습니다. 모스에 따르면 이전 시대에는 '사적 이익'이라는 개념이 거의 존재하지 않았고(고대 그리스나 로마, 아랍 세계의 언어로 이 말을 번역하는 것은 너무 어려운 일입니다), 만약 누군가 이것을 주장했다면 큰 비난을 받았을 겁니다. 그런데 『꿀벌의 우화』는 '사적 이익'에 대한 도덕적 정당화가 이루어지기 시작했음을 보여줍니다.[88]

루이 뒤몽(Louis Dumont)도 맨더빌의 작품을 중요하게 평가하는데요. 그에 따르면 경제학이 탄생하려면 두 가지 조건이 갖추어져야 합니다. 하나는 경제가 정치로부터 독립하는 것이고, 다른 하나는 경제 활동에 대한 도덕적 정당화가 이루어지는 것입니다. 전자를 보여준 것은 존 로크의 『통치론』 *Two Treatises of Government*(1690)입니다. 로크는 사유재산권을 자연권으로 규정하고 정부의 중요 임무는 사유재산 보호에 있다고 했습니다. 그리고 후자를 보여준 것이 맨더빌의 『꿀벌의 우화』입니다. 이 작품은 앞서 말한 것처럼 사적 이익을 추구하는 행위를 도덕적으로 정당화했습니다.[89] 애덤 스미스의 생각 즉 "우리가 식사할 수 있는 것은 정육점 주인, 양조장 주인, 빵집 주인의 자비가 아니라 자신들의 이익에 대한 그들의 관심 덕분"[90]이라는 생각으로 나아가는 길을 열어주었지요.

여기까지 보면 맨더빌은 틀림없이 자본가계급의 대변자입니다. 자본가계급의 이해를 도덕적으로 정당화한 이데올로그라고 할 수 있지요. 다만 내용이 당시 자본가계급이나 성직자들이 공개적으로 주장하기에는 너무 노골적이었다고 할 수 있습니다. 그는 당시 사람들이 공공연한 비밀을 솔직하게 인정하지 않는다고 생각했습니다. "나는 이 비밀을 까발리는 것을 좋아할 사람이 거의 없음을 안다."[91]

그런데 주장이 '너무 노골적'이라는 점에서 맨더빌을 다르게 볼 여지도 있습니다. 자본가계급의 대변자가 아니라 폭로자일 수 있다는 거죠. 그에 따르면 탐욕과 사치, 시샘, 오만, 허풍은 부자들의 도덕입니다. 모두가 사치하면 어떻게 되느냐고 걱정하는 사람들을 안심시키듯 그는 이렇게 말했습니다. 사치는 부자들의 세계에만 허용되는 것이고, 생산과 전쟁에 종사할 이들은 어차피 "가장 천하고 가난하며 죽어라고 일만 하는 사람들"이라고요.[92] 사치할 틈도 없고 그렇게 만들어도 안 된다고 했지요.

　그는 대중들에게 자본가계급의 속마음을 폭로하려는 듯 아주 노골적으로 말합니다. 특히 노동자의 임금과 교육에 대해 그랬습니다. 먼저, 임금은 최저 수준으로 지급해야 합니다. 굶어 죽지 않을 정도면 됩니다. 그래야 부자들이 부를 더 늘릴 수 있습니다. 절대 저축을 가능케 하면 안 됩니다. 마구간의 말을 필요 이상으로 먹이는 것은 쓸데없는 짓입니다.[93] 교육도 그렇습니다. 가능하다면 최소한의 교육만 받게 해야 합니다. 일할 때 말귀를 알아들을 수 있으면 그만입니다. 교육을 많이 시키면 임금 올려달라고 목소리만 키울 겁니다. 오히려 학교를 보내지 않고 무지한 채로 두면 여러모로 부려먹기 좋습니다. 무지하면 고생을 고생으로 느끼지 않습니다. 먹을 것과 입을 것이 형편없어도, 임금이 매우 낮아도 만족하고, 다만 굶어 죽지 않기 위해 열심히 일한다고요. 그러니 부를 늘리는 데는 노동자들을 무지하게 만드는 것이 좋습니다.[94]

　맨더빌은 범죄율을 낮추기 위해 빈민 아이들을 학교에 보내자는 소위 '자선학교' 설립 운동에 반대했는데요. 그 이유가 재밌습니다. 그에 따르면 범죄는 무지한 자가 아니라 많이 아는 자들이 저지릅니다. 그는 1720년대 영국 사회를 들끓게 했던 금융 투기 사건(남해회사 사건)을 예로 들었습니다(『성부와 성자』, 37쪽). "나쁜 짓을 저지른 것은 읽지도 쓰지도 못하는 가난하고 무지한 깡패가 아니라, 재산으로 보나 교육으로 보나 훌륭한 사람들로서 대개 셈을 아주 잘하고 좋은 평판에

호사스럽게 사는 사람들이었다.”[95]

　이쯤 되면 이 사람이 소위 지능적 안티가 아닌가 하는 생각이 듭니다. 자본가계급을 옹호하는 것인지 자본가들이 축적한 부의 정체를 까발리는 것인지 헷갈립니다. 자본가들은 노동자들을 배고픔과 목마름, 헐벗음, 무지로 내몰아 돈을 벌었고, 그들 스스로는 온갖 악덕으로 무장한 영악한 범죄 집단이라고 말하는 셈이니까요. 혹시 이것이 맨더빌의 진짜 의도였을까요. 그건 알 수 없습니다.

　사실 경제학적 측면에서 보면 맨더빌의 주장은 허술하고 일관성도 떨어집니다. 그는 투자, 생산, 소비 등에 대한 체계적 지식을 갖고 있지 않았고, 그가 제시한 준칙들은 전혀 보편적이지 않았으니까요. 모두가 부유해지는 길이라기보다는 부자(자본가계급)가 부유해지는 길이라고 할 수 있을 겁니다. 국민의 부에 대한 연구라고 볼 수 없지요. 『꿀벌의 우화』를 『국부론』처럼 생각하기는 힘듭니다.

　나는 그가 정신병을 연구하는 의사였다는 점에 주목할 필요가 있다고 생각합니다. 당시 영국에는 ‘도덕개혁협회’(Society for Reformation of Manners)라는 단체가 있었는데요.[96] 미풍양속을 해치는 자들을 고발하는 일종의 도덕적 공안 단체였습니다. 나는 맨더빌의 주적이 이런 단체가 아니었을까 생각합니다. 다시 말해 평등주의자보다는 도덕주의자와 싸우고 있었다고 봅니다. 당시 도덕주의자들은 교회를 중심으로 막강한 권력을 행사하고 있었습니다.

『꿀벌의 우화』가 출간되었을 때 영국의 상황을 생각해볼 필요가 있습니다. 당시는 사회 전체적으로 부에 대한 충동이 불타오르고 '돈을 가진 자들'(moneyed men)이 패권을 차지했을 때입니다(『성부와 성자』, 35쪽). 새로운 부자들에게는 정직과 검소, 근면을 가르치는 청교도적 금욕주의가 매우 불편했을 겁니다.

마르크스는 이 시대 사람들의 정신적 병리 상태를 『파우스트』의 구절을 통해 이렇게 묘사한 바 있습니다. "아! 그의 가슴에는 서로 헤어지고 싶어하는 두 개의 영혼이 살고 있구나!"(『자본의 재생산』, 131쪽) 현실적으로는 큰돈을 벌고 싶고, 그렇게 번 돈을 과시하며 살고 싶은데, 도덕은 그것을 허용하지 않았습니다. 욕망과 도덕이 충돌하고 현실과 설교 내용이 어긋나는 위선적 상황, 신경증적 상황이 나타났다고 할 수 있지요. 정신병을 연구했던 맨더빌은 근대 경제학이 아니라 심리학의 선구자였는지도 모르겠습니다. 부르주아계급의 속마음을 속 시원하게 털어놓음으로써 그들의 정신적 병리상태를 해소해주고 싶었을 수 있지요.

맨더빌이 부르주아계급의 치부욕을 정당화한 이데올로그였는지, 부르주아계급의 위선에 대한 고발자였는지, 도덕적 억압에서 생겨난 부르주아계급의 신경증을 치료하려던 의사였는지는 확실치 않습니다. 마르크스는 어떻게 생각했을까요. 그는 이렇게 말했습니다. "정직하고 머리 좋은 맨더빌."

II──임금노동자는 프롤레타리아트인가

이번 책에는 이전 책들에 비해 상대적으로 '프롤레타리아트'라는 말이 자주 등장합니다.[97] 노동자나 노동자계급이라는 말이 쓰일 법한 자리에 프롤레타리아트를 쓴 경우가 많습니다. 전반적으로는 노동자나 노동자계급이라는 말을 많이 쓰지만 프롤레타리아트라는 말도 무시할 수 없는 빈도로 사용되고 있습니다. 이 말들은 서로 어떤 관계에 있을까요. 우리는 이 말들을 서로 바꿔 써도 좋을까요.

○프롤레타리아트는 직업인가──프롤레타리아트라는 말과 관련된 흥미로운 일화가 있습니다. 1832년 혁명가 오귀스트 블랑키(Auguste Blanqui)에 대한 재판 중에 일어난 일이라고 하는데요. 직업을 묻는 검사에게 블랑키는 '프롤레타리아'라고 답했다고 합니다. 검사가 "그것은 직업이 아니"라고 반박하자 그는 이렇게 맞섰답니다. "프롤레타리아는 정치적 권리를 박탈당한 우리 인민 대다수의 직업이다."

이 일화를 소개한 자크 랑시에르(Jacques Ranicière)는 치안(police)의 관점에서는 검사의 말이 옳다고 했습니다. 치안이란 지위와 기능에 따라 사람들을 배분하는 것입니다. 치안의 관점에서 사람들은 모두 어딘가에 소속돼 있어야 하고 그에 맞는 역할을 수행해야 합니다. 대표적인 것이 직업입니다. 그런데 프롤레타리아는 직업 항목에 해당하는 말이 아닙니다. 블랑키도 흔히 말하는 노동자가 아니고요. 그러니 검사가 화를 낼 만합니다. 그런데 랑시에르는 '치안'이 아니라 '정치'(la politique)의 관점에서는 블랑키의 말이 옳다고 했습니다. 그에 따르면 정치란 치안의 관점에 따른 배분을 문제 삼고 비판하고 거부하는 행동이기 때문이죠. 블랑키는 '프롤레타리아'라고 대답함으로써 자신을 특정 집단, 이를테면 "사회학적으로 지정할 수 있는 한 집단"에 귀속시키는 것을 거부했습니다.[98]

프롤레타리아트는 직업인가. 임금노동자란 달리 말하면 취업 노동자이기 때문에, 이것은 프롤레타리아트를 임금노동자와 동일시할 수 있는지에 대한 물음이라고 할 수 있습니다. 과연 프롤레타리아 숫자는 취업 노동자 숫자와 같은가. 랑시에르는 그렇지 않다고 봅니다. 그에 따르면 프롤레타리아트는 '분류되지 않은 자들', '계산되지 않는 자들'입니다. "셈-바깥을 가리키는 이름", "바깥으로 내쫓긴 자(outcast)"들의 이름이지요.[99]

프롤레타리아트는 인종, 지역, 국적, 성별, 직업 등 사회학적으로 분류할 수 있는 집단의 이름이 아니므로 특정한 정체성을 갖지도 않습니다. 굳이 프롤레타리아트의 정체성에 대해 말해야 한다면 역설적 표현을 쓸 수밖에 없습니다. '정체성 없음'을 정체성으로 갖는 존재, '고유성 없음'을 고유성으로 가진 존재(un propre impropre)라고요. 랑시에르에 따르면 프롤레타리아트가 된다는 것은 정체성을 얻는 과정이 아니라 정체성을 잃는 과정(탈정체화의 과정)입니다. 마르크스가 말한 '모든 계급의 소멸인 계급'이라는 점에서 탈계급화의 과정이라고도 할 수 있고요.[100]

우리가 읽은 『자본』에서는 '프롤레타리아'나 '프롤레타리아트'라는 말을 자주 볼 수 없습니다(참고로 구성원들을 경험적 차원에서 개별적으로 지칭할 때는 대체로 '프롤레타리아'를, 사변적 차원에서 집합적으로 지칭할 때는 '프롤레타리아트'를 씁니다). 그 대신 '노동자'나 '노동자계급'이라는 말을 주로 사용하지요. 그런데 이번에 읽은 제23장에서는 '프롤레타리아트'라는 말이 제법 여러 차례 등장합니다. 마르크스도 여기서 프롤레타리아트라는 말을 쓴 것에 대해 해명할 필요를 느꼈던 것 같습니다. 따로 주석을 달아 '경제학'에서 프롤레타리아트는 임금노동자를 의미한다고 밝혔지요(다만 그는 임금노동자 앞에 "자본증식 욕구에 도움이 되지 않으면 당장 거리에 내쫓기는"이라는 수식어, 즉 임금노동자의 불안정한 처지를 언급하는 수식어를 붙였습니다).[김, 838, 각주 1; 강, 839, 각주 70] 그러나 여전히 의문이 남습니다. 프롤레타리아트가 임금노동자를 의미한다면 그냥 노동자 내지 노동자계급이라고 쓰면 되지 왜 굳이 여기서 프롤레타리아트라는 용어를 썼느냐는 겁니다.

나는 이 책 본문에서 노동자계급, 특히 임금노동자와 프롤레타리아트를 동일시할 수 있는가에 대해 짧게 언급했습니다. 만약 임금노동자와 프롤레타리아트를 동일시한다면 자본관계의 '주변'에 있는 많은 존재가 빠져나갈 거라고 했지요 (참고로 나는 자본관계 '내부'에 있지 않지만 '외부'에 있다고도 말할 수 없는 존재들을 말하기 위해 '주변'이라는 말을 썼습니다).

우선 이번 책의 주인공인 산업예비군(불완전고용자, 실업자, 미취업자 등)이 그렇습니다. 이들은 취업 상태에 있지 않지만 자본관계 바깥에 있다고 말할 수는 없는 사람들입니다. 마르크스는 이들이 자본축적에 매우 중요한 기능을 수행한다고 했습니다. 노동력 수급을 조절하는 장치이기도 하고, 현역노동자군(임금노동자들)의 노동 강도와 임금수준을 자본가에게 유리하게 만드는 환경이 되기도 합니다. 그 운명이 자본축적에 예속되어 있는 것은 물론이고요.

자본관계의 '주변'에는 산업예비군보다 더 멀리 있는 존재들도 있습니다. 넓은 의미에서는 자본관계에 포함된다고 할 수 있지만 임금관계(취업)에서는 배제된 존재들이지요. 자본의 축적(재생산)에 필수적인 노동력 재생산을 담당하는 주부들이 그렇고, 한발 더 나아가면 자본축적에 동원되는 자연 생태계가 그렇습니다. 이들의 활동은 본성적인 것, 자연적인 것이라는 이유로 가치를 인정받지 못합니다(자본주의에서는 이들의 활동을 '가치화'하는 대신 '자연화'하지요). 하지만 이들 없이는 자본축적이 불가능하다는 점, 그리고 이들의 운명은 자본축적 상황에 좌우된다는 점에서 자본관계 바깥에 있다고 말할 수 없는 존재들입니다.

마르크스는 본문에서 "자본의 축적은 프롤레타리아트의

증식"이라고 했는데요(자본주의가 사회의 지배적 생산양식이 되어가는 단계에서, 자본의 성장에 따라 자본관계에 편입되는 노동인구가 증가하는 것을 그렇게 지칭했지요). 나는 자본축적과 더불어 증식하는 프롤레타리아트 안에 자본관계 주변에 있는 존재들 또한 포함되어야 한다고 생각합니다. 자본축적은 이들을 필요로 하고 축적과정에서 이들을 계속 생산할 수밖에 없으니까요(이렇게만 말하면 프롤레타리아트가 임금노동자를 포함하는 더 포괄적인 범주로 보입니다만 범주의 크기가 문제인 것은 아닙니다. 그 이유는 조금 뒤에 이야기하겠습니다).

○마르크스의 용법──'프롤레타리아트'는 라틴어 '프롤레타리우스'(proletarius)에서 온 말인데요. '프롤레타리우스'는 고대 로마의 가장 낮은 계급이었습니다. '자식'(proles)을 낳는 것 말고는 국가에 기여하는 바가 없는 자들이었습니다. 루소는 『사회계약론』에서 이들을 간략히 다룬 바 있습니다.[101] 『사회계약론』은 마르크스가 읽은 문헌들 중 프롤레타리아를 계급으로서 언급한 최초의 것이라고 할 수 있습니다. 하지만 이것은 고대 로마의 이야기지요. 근대적 계급으로서 프롤레타리아트에 대한 것이 아닙니다.

　　근대적 계급으로서 프롤레타리아트에 대한 언급은 1830년대에 등장했습니다(블랑키의 일화도 이때 나왔지요). 마르크스보다 한 세대 앞선 작가들, 이를테면 생시몽(Saint-Simon)이나 모제스 헤스(Moses Hess)가 이 말을 썼습니다. 특히 헤스는 프롤레타리아트를 가난하고 고통받으며 노동하는, 그러면서도 모든 것을 무너뜨릴 수 있는 계급으로 묘사했습니다.[102]

마르크스는 이 말을 언제 처음 접했을까요. 1843~1844년 파리에 체류했을 때인 것 같습니다. 1843년까지의 글에서 마르크스는 고통받는 사람들, 가난한 사람들을 자주 언급했지만 프롤레타리아트라는 말을 쓰지는 않았습니다. 그런데 1844년에 쓴 『헤겔 법철학 비판』에 대한 서설에 이 말이 등장합니다. 마르크스는 당시 프랑스의 정치적 문헌들과 파리의 운동 조직들(특히 독일 이주노동자 조직)에서 이 말을 접했던 것으로 보입니다.[103]

마르크스는 처음에 프롤레타리아트를 철학적 관점, 특히 소외 이론의 관점에서 바라보았던 것 같습니다. 『헤겔 법철학 비판』 서설에서 그는 "프롤레타리아트의 지양 없이 철학은 자기를 현실화할 수 없다"라고 했습니다.[104] 프롤레타리아트의 해방을 철학적 진리의 현실화로 이해한 것이지요. 그는 여기서 프롤레타리아트를 '계급이 아닌 계급', '계급이면서 또한 계급을 해체하는 계급'으로 그렸습니다. "시민사회의 계급이 아닌 시민사회의 계급"이라는 역설적인 표현을 썼지요.[105] 1년 뒤에 쓴 『신성가족』(1845)에서도 비슷합니다. 프롤레타리아트를 '사적 소유'에 대립하면서 동시에 '사적 소유'를 해체하는 계급이라고 했습니다.[106]

『독일이데올로기』(1845)에서 프롤레타리아트의 양면성은 더욱 두드러집니다. 마르크스와 엥겔스는 여기서 프롤레타리아트를 한편 계급으로, 다른 한편 비계급(혁명적 대중)으로 표현합니다. "더 이상 사회 속의 한 계급으로 간주되지 않고 하나의 계급으로 인정받지 못하는 계급, 따라서 자기 스스로 이미 현 사회 내부의 모든 계급들, 국적들 등등의 해소의 표현인 그러한 계급"이라고 했습니다.[107] 프롤레타리아트는 스스로를 비계급으로 전화할 때, 다시 말해 계급으로서 자신을 해체할 때 혁명적이 됩니다. 프롤레타리아트가 자신의 개념에 합치하는 때는 계급이기를 그만둘 때입니다. 이는 '계급투쟁'이 '계급들 간의 투쟁'이라기보다는 '계급'과 '비계급'의 투쟁임을 시사합니다. 보편적 계급인 부르주아지와 비계급(혁명적 대중)인 프롤레타리아트의 투쟁이라는 거죠.[108]

『공산주의자 선언』(1848)에서 마르크스와 엥겔스는 노동자계급을 프롤레타리아트의 실체로 지목합니다. '프롤레타리아'와 '현대 노동자', '프롤레타리아트'와 '현대 노동자계급'이라는 말을 동격으로 쓰고 있지요.[109] 이 점을 더 분명히 한 것은 엥겔스입니다. 엥겔스는 『공산주의의 원칙들』(1847)이라는 문답식 책에서 '프롤레타리아트란 무엇인가' 묻고 이렇게 답합니다. "오직 자신의 노동의 판매에 의해서만 자신의 생계를 유지하는 계급"; "한마디로 19세기 노동계급"이라고요. 그에 따르면 "빈민들과 노동하는 계급들은 언제나 존재"했지만, 프롤레타리아트는 이들과 다릅니다. 프롤레타리아트는 노동력의 판매에 생계가 달려 있고, 계급의 삶과 죽음, 행복과 불행이 산업의 순환에 달려 있다는 점에서 자본주의에 고유한 계급입니다.[110] 가난하거나 노동을 한다고 그저 프롤레타리아트인 것이 아니라 자본주의적 조건에서 노동할 때 그렇다는 거죠.

그렇다면 마르크스는 프롤레타리아와 노동자를 동일한 말이라고 생각했던 걸까요. 한편으로는 그런 것 같습니다. 프롤레타리아트란 자본주의에서의 노동자계급(19세기 노동계급)을 가리킨다고 분명히 밝혔으니까요. 하지만 엥겔스가『공산주의의 원칙들』에서 '프롤레타리아트'를 '19세기 노동계급'이라고 말한 이유를 따져볼 필요가 있습니다. 그는 노동력을 판매하지 않고서는 살아갈 수 없고 그 운명이 자본축적 상황에 종속되어 있다는 점에서 그렇게 불렀습니다. 이 내용은『공산주의자 선언』에서 프롤레타리아트와 노동자계급을 동격으로 표시한 곳에서도 반복됩니다. '프롤레타리아트 즉 현대 노동자계급'은 일자리를 얻은 동안에만 살아갈 수 있고, 그 운명이 산업과 시장의 변동에 내맡겨져 있다고요.[111]

그런데 앞서 말한 것처럼 이런 운명은 임금노동자에만 해당하는 게 아닙니다. 미취업 상태이거나 실업 상태인 산업예비군도 그렇고, 취업에서 배제된 존재들도 노동력을 판매하지 않고서는 살기 힘든 조건에 처해 있으며, 그 운명이 자본축적 상황에 따라 크게 달라집니다.

내가 특별히 강조하고 싶은 것은『공산주의자 선언』에서 마르크스와 엥겔스가 프롤레타리아와 노동자를 동격으로 놓을 때의 맥락입니다. 마르크스와 엥겔스는 '프롤레타리아트 즉 현대 노동자계급'이라는 동격의 표현을 부르주아지를 멸망시킬 '무기를 쓸 사람'으로서 이들을 묘사하면서 썼습니다. 자본과 함께 출현하고 자본이 성장함에 따라 성장하지만 자본의 몰락을 가져올 존재라는 점을 부각하는 중이었습니다.

이 점에서 『공산주의자 선언』에서 프롤레타리아트와 동격으로 간주된 노동자계급은 이후 출간된 정치경제학 비판 저작들에서의 노동자계급과 다릅니다. 『정치경제학 비판 요강』(1857~1858), 『정치경제학 비판을 위하여』(1859), 『잉여가치 학설사』(1862~1863), 『임금, 가격, 이윤』(1865) 등의 저작에는 프롤레타리아트라는 말이 거의 등장하지 않습니다. 노동자나 노동자계급이라는 말을 사용하지요. 그런데 이들 저작에 등장하는 노동자계급은 『공산주의자 선언』에서와 달리 능동적 존재가 아닙니다. 주인공은 '자본'입니다. 노동자계급은 자본이 펼치는 이야기의 일부이며, 자본의 증식을 위한 기능적 존재에 지나지 않습니다. 『자본』에서도 대체로 그렇습니다. 마르크스는 노동자(노동력)를 자본의 한 형태인 '가변자본'으로 다룹니다. 자본의 축적에 기여하고 계급 질서에 예속된 존재로 그리지요.

과연 이 저작들에서 프롤레타리아트라는 말이 사라진 게 우연일까요. 이 저작들에 등장하는 노동자 내지 노동자계급이라는 말을 프롤레타리아트라는 말로 바꿔 써도 좋을까요. 『공산주의자 선언』에서 그랬듯 둘을 동격으로 놓을 수 있을까요.

물론 이렇게 생각해볼 수도 있습니다. 1840년대까지 마르크스는 프롤레타리아트라는 말을 썼지만 어떤 이유에서인지 이 말을 폐기했다고요. 정치경제학 비판 저작들에 등장하지 않는 것은 이 저작들의 성격 때문이 아니라 프롤레타리아트 개념 자체의 문제 때문이라고요.

그러나 이런 추론은 설득력이 없습니다. 마르크스는 프롤레타리아트 개념을 이후에도 빈번히는 아니지만 꾸준히 사용하고 있으니까요. 무엇보다 우리가 읽은 『자본』에서 이 말을 사용하고 있습니다(제23장과 제24장에서는 제법 자주 등장합니다). 『자본』 이후에도 간간이 쓰고 있고요. 그렇다면 우리가 물어야 할 것은 이 말의 용법입니다. 자주 사용하지 않지만, 아니 오히려 자주 사용하지 않기에 우리는 마르크스가 이 말을 어떤 경우에 쓰는지 생각해볼 필요가 있습니다.

○『자본』에 등장하는 프롤레타리아트──『자본』의 제1판(1867)을 기준으로 할 때 '프롤레타리아트'라는 말이 사용된 곳은 세 곳입니다.[112] 먼저 빌헬름 볼프에 대한 헌사에 등장하고요 ("나의 잊을 수 없는 벗, 프롤레타리아트의 용감하고 성실하며 고결한 선봉 투사"). 이번에 다룬 제23장의 마지막 두 절과 다음 책에서 다룰 '소위 시초축적'에 관한 장(제24장)에 등장합니다 (제2판에서는 조금 더 나옵니다).

그런데 이곳들에는 공통점이 있습니다. '프롤레타리아트'라는 말은 노동자들 삶의 불안정성을 이야기하는 곳에서 등장합니다. 발리바르에 따르면 프롤레타리아트는 삼중의 의미에서 노동자계급의 '과도적' 성격(불안정하고 이행적인 성격)을 함축하는 용어처럼 보입니다.[113] 첫째, 프롤레타리아트는 노동자들의 불안정한 사회적 실존, 특히 주변화된 사회적 실존을 나타낼 때 쓰입니다. 둘째, 프롤레타리아트는 영속적 폭력에 노출된 노동자들의 상태를 나타낼 때 쓰입니다. 자본주의가 형성되던 시기 다수 인구가 노동자로 재편될 때 가해진 폭력(신체적으로 직접 가해진 폭력)을 언급하면서, 그리고 자본주의적 생산의 토대가 확고하게 구축된 이후 자본구성의 고도화와 함께 나타난 폭력(생산 메커니즘에 따른 폭력)을 언급하는 곳에서 프롤레타리아트라는 말이 등장합니다. 셋째, 프롤레타리아트는 노동자들의 상태가 체제의 이행, 즉 자본주의적 축적이 그 물질적 조건을 예비하고 있는 이행을 나타낼 때 등장합니다.

『자본』의 제2판에서 프롤레타리아트라는 말이 추가된 곳도 인상적입니다.[114] 바로 제2판 후기(1873)인데요. 여기서 마르크스는 1848년 혁명 이후 강력해진 프롤레타리아트의 요구가 부르주아 경제학을 파산시켰다고 했습니다. 이 내용은 14세기부터 1825년까지 노동자의 단결을 금지해온 법령이 프롤레타리아트의 힘에 위협을 느껴 폐지되었다고 말한 부분(24장)과 호응합니다.[김, 1014; 강, 994~995] 『공산주의자 선언』에서 그런 것처럼 노동자계급이 어떤 주도적 힘을 행사할 때, 다시 말해 노동자계급이 능동적으로 개입하면서 자본의 운동을 저지하거나 파탄 낼 때 거기서 프롤레타리아트라는 말을 쓰고 있습니다.

요컨대 마르크스는 프롤레타리아트라는 말을 일관성 있게 사용하고 있습니다. 노동자들의 불안정한 삶, 폭력에 노출된 삶을 지칭할 때, 그리고 자본주의 체제를 해체하고 새로운 체제로의 이행을 가능케 하는 존재라는 측면을 부각할 때 이 말을 썼습니다. 반면 노동과정(가치증식과정)이나 임금을 다룰 때는 이 말을 쓰지 않았습니다. 노동자가 단지 노동자이기만 한 곳, 노동자가 그저 가변자본으로 기능할 뿐인 곳에서는 노동자계급을 프롤레타리아트라고 부르지 않았습니다.

임금노동자는 프롤레타리아트인가. 그 답은 임금노동자들이 자본관계에서 벗어날 수 있는 잠재력을 얼마나 품고 있는가에 달려 있습니다(이런 점에서 우리는 마르크스가 '정당한 임금을 달라'라는 임금노동자들의 요구를 보수적이라고 말한 이유를 생각해볼 필요가 있습니다. 『자본의 재생산』, 175~176쪽). 나는 지난 책에서 노동자계급은 자본주의적 생산을 위한 기관으로 기능할 때조차 탈기관화의 잠재성, 탈자본주의적 기능을 수행할 잠재성을 갖고 있다고 했는데요(『자본의 재생산』, 200쪽). 자본을 생산하는 노동자들이 자본의 기능(function)이 아니라 기능부전(malfunction)을 일으킬 수 있는 존재로 나타날 때, 더 나아가 자본관계를 해체할 수 있는 잠재성을 내비칠 때 우리는 이들을 프롤레타리아트라고 부를 수 있습니다.

주

1   C. Schmitt, *Politische Theologie*, 1922(김항 옮김, 『정치신학』, 그린비,
    2010, 18쪽).

2   G. Agamben, *Homo sacer: Il potere sovrano e la nuda vita*, 1995. tr.
    by Daniel Heller-Roazen, *Homo Sacer: Sovereign Power and Bare Life*,
    Stanford University Press, 1998, p. 15.

3   K. Marx, *Das Kapital: Kritik der politischen Ökonomie*, 1894
    (김수행 옮김, 『자본론』, III-상, 비봉출판사, 2015, 181쪽).

4   정운영, 『노동가치이론연구』, 도서출판 까치, 1993, 250쪽.
    정운영은 마르크스의 경우 투하된 자본이 1회 생산에 모두
    소진된다는 전제하에 자본의 가치구성을 말하고 있는데, 실제로는
    주어진 생산기간 동안의 자본 회전율을 고려해야 한다며 정식을
    조금 수정했다. 즉 그는 가치구성의 1회 소진되는 생산수단의
    가치(c) 대신 주어진 생산기간에 필요한 생산수단의 가치 전체(C)를
    써서, 'c/v'를 'C/v'로 제시했다. 그러나 여기서는 논의 맥락상 굳이
    이런 구분을 할 필요가 없기에 'c/v'로 표시한다.

5   정운영, 같은 책, 251쪽.

6   정운영, 같은 책, 256쪽.

7   정운영, 같은 책, 같은 쪽.

8   K. Marx, 『자본론』, III-상, 192~193쪽.

9   G. Arrighi, *The Long Twentieth Century: Money, Power, and the Origins
    of Our Times*, 1994(백승욱 옮김, 『장기 20세기: 화폐, 권력, 그리고 우리
    시대의 기원』, 그린비, 2008, 183쪽).

10 B. Mandeville, *The Fable of the Bees*, 1714(최윤재 옮김, 『꿀벌의 우화』,
    문예출판사, 2010, 200쪽).

11 B. Mandeville, 같은 책, 207쪽.

12 스미스는 고용주가 우세한 이유에 대해 이렇게 말한다. 고용주는
수적으로 적어 단결이 쉽고, 무엇보다 법률이 고용주에게
유리하다(법률은 고용주의 단결은 금지하지 않으면서 노동자들의 단결은
금지한다). 특히 당시 노동가격 인하를 위해 고용주가 단결하는 걸
금지하는 법률은 하나도 없지만 노동가격을 인상시키기 위한
단결을 반대하는 법률은 많다. 쟁의가 벌어지면 고용주들이 훨씬
오래 견딜 수 있다. 그러나 노동자들의 경우에는 1년은커녕
일주일을 버틸 수 있는 사람도 많지 않다. A. Smith, *An Inquiry into
the Nature and Causes of the Wealth of Nations*, 1776(김수행 옮김,
『국부론』, 동아출판사, 1996, 73쪽).

13 A. Smith, 같은 책, 99쪽(번역은 수정).

14 A. Smith, 같은 책, 같은 쪽.

15 A. Smith, 같은 책, 같은 쪽.

16 R. Hilferding, *Das Finanzkapital*, 1910(김수행·김진엽 옮김, 『금융자본』,
도서출판 새날, 1997, 15쪽. 번역은 수정).

17 R. Hilferding, 같은 책, 326쪽.

18 R. Hilferding, 같은 책, 327~329쪽.

19 R. Hilferding, 같은 책, 334~335쪽.

20 R. Hilferding, 같은 책, 335쪽.

21 K. Marx, 『자본론』, II-상, 비봉출판사, 2015, 264쪽.

22 K. Marx, 같은 책, 289~300쪽.

23 K. Marx & F. Engels, *Manifest der Kommunistischen Partei*, 1848
    (최인호 옮김, 『공산주의당 선언』, 『카를 마르크스 프리드리히 엥겔스 저작
    선집』, I, 박종철출판사, 1993, 412쪽).

24 Thomas R. Malthus, *An Essay on the Principle of Population*, 1826
    (6th ed.)(이서행 옮김, 『인구론』, 동서문화사, 2018, 298쪽).

25 Thomas R. Malthus, 같은 책, 20~21쪽.

26 Thomas R. Malthus, 같은 책, 23~24쪽.

27 Thomas R. Malthus, 같은 책, 299쪽.

28 Thomas R. Malthus, 같은 책, 233쪽.

29 Thomas R. Malthus, "Preface to the Second Edition"(1807),
    An Essay on the Principle of Population, 1826(6th ed.),
    ⟨https://oll.libertyfund.org/titles/malthus-an-essay-on-the-
    principle-of-population-vol-1-1826-6th-ed⟩.

30 Thomas R. Malthus, *An Essay on the Principle of Population*,
    1798(Electronic Scholarly Publishing Project, 1998, p.96).

31 Thomas R. Malthus, *An Essay on the Principle of Population*, 1826
    (6th ed.)(이서행 옮김, 『인구론』, 동서문화사, 2018, 25쪽).

32 Thomas, R. Malthus, 같은 책, 449쪽과 455쪽.

33 Thomas, R. Malthus, 같은 책, 502쪽.

34 Thomas, R. Malthus, 같은 책, 532쪽.

35 Thomas, R. Malthus, 같은 책, 503쪽.

36 Thomas R. Malthus, 같은 책, 312~313쪽.

37 Thomas R. Malthus, 같은 책, 305~306쪽.

38 Thomas R. Malthus, 같은 책, 315~319쪽.

39 Thomas R. Malthus, 같은 책, 326쪽(번역은 수정).

40 Thomas R. Malthus, 같은 책, 328쪽.

41 Thomas R. Malthus, 같은 책, 465~466쪽.

42 Thomas R. Malthus, 같은 책, 468쪽.

43 Thomas R. Malthus, 같은 책, 549쪽.

44 Giorgio Agamben, *Homo Sacer*, trans. Daniel Heller-Roazen, Stanford University Press, 1998, p. 29.

45 Giorgio Agamben, 같은 책, 같은 쪽.

46 고병권, 〈불안시대의 삶과 정치〉, 『추방과 탈주』, 그린비, 2009, 57쪽.

47 B. Spinoza, *Ethica*, 1677(강영계 옮김, 『에티카』, 서광사, 1990, 321쪽).

48 아리스토텔레스, 천병희 옮김, 『정치학』, 숲, 2009, 15~16쪽.

49 아리스토텔레스, 같은 책, 35쪽.

50 K. Marx, Briefe aus den "Deutsch-Französischen Jahrbüchern", 1843, *MEW* 1, p. 340(전태국 옮김, 『마르크스의 초기 저작: 비판과 언론』, 열음사, 1996, 322쪽, 번역은 일부 수정).

51 J. Bodin, *Les Six Livres de la République,* 1576(임승휘 옮김, 『국가론』, 책세상, 2005, 55쪽); C. Schmitt, *Politische Theologie,* 1922(김항 옮김, 『정치신학』, 그린비, 2010, 20쪽); 고병권, 『민주주의란 무엇인가』, 그린비, 2011, 50쪽.

52 K. Marx, *"Die Klassenkämpfe in Frankreich 1848 bis 1850"*, 1850, *MEW* 7, p. 93(최인호 옮김, 「프랑스에서의 계급투쟁」, 『카를 마르크스 프리드리히 엥겔스 저작 선집』, II, 박종철출판사, 2008, 98쪽).

53 Z. Bauman, *Work, Consumerism and the New Poor,* 1998(이수영 옮김, 『새로운 빈곤』, 천지인, 2010, 29쪽).

54 Z. Bauman, 같은 책, 28쪽 그리고 208쪽.

55 D. Harvey, *A Companion to Marx's Capital,* 2010(강신준 옮김, 『데이비드 하비의 맑스《자본》강의』, 창비, 2014, 513쪽).

56 K. Polanyi, *The Great Transformation,* 1944(박현수 옮김, 『거대한 변환』, 민음사, 1996, 142~151쪽).

57 K. Polanyi, 같은 책, 151쪽.

58 E. Balibar, "Le proétariat insaisissable", *La crainte des masses,* 1997 (최원-서관모 옮김, 〈붙잡을 수 없는 프롤레타리아트〉, 『대중들의 공포』, 도서출판b, 2007, 272쪽, 각주 3).

59 김경민, "구로공단 '벌집'의 추억"(김경민의 도시 이야기 27), 〈https://m.pressian.com/m/pages/articles/112992#0DKW〉, 2020. 9. 22. 최종 접속.

60 매일노동뉴스, "이주노동자 비닐하우스 숙소 장려하는 노동부 행정지침"(2017. 4. 6), 〈http://www.labortoday.co.kr/news/articleView.html?idxno=143650〉, 2020. 9. 22. 최종 접속.

61 "'비닐하우스 규제'에도… 이천저수지 붕괴 이주민 상당수 이주노동자", 『한국일보』(2020. 8. 11), 〈https://www.hankookilbo.com/News/Read/A202008100930 0005915?did=DA〉, 2020. 9. 23. 최종 접속.

62 김사강(2020), 「2020 고용허가제 이주노동자 노동조건 실태조사 결과」, 『고용허가제 이주노동자 노동조건 실태조사 결과 발표 및 토론회 자료집』.

63 "고용허가제 16년… '이주노동자 필요한 한국, 제도는 노예제'",
〈뉴스민〉(2020.8.16), 〈http://www.newsmin.co.kr/news/51287/〉,
2020.9.23. 최종 접속.

64 M. Davis, *Planet of Slums*, 2005(김정아 옮김, 『슬럼, 지구를 뒤덮다』,
돌베개, 2007, 15~17쪽).

65 M. Davis, 같은 책, 31쪽, 223쪽.

66 UN-HABITAT, *The Challenge of Slums: Global Report on Human
Settlements*, 2003(M. Davis, 같은 책, 224쪽, 재인용).

67 M. Davis, 위의 책, 33쪽.

68 F. Engels, *Die Lage der arbeitenden Klasse in England*, 1845(이재만
옮김, 『영국 노동계급의 상황』, 라티오, 2014, 118쪽).

69 F. Engels, 같은 책, 136쪽.

70 K. Marx, "Reden für Polen", 1847(김태호 옮김, 「폴란드에 대한
연설들」, 『카를 마르크스 프리드리히 엥겔스 저작 선집』, I,
박종철출판사, 1993, 340~341쪽).

71 K. Marx, "맨체스터의 엥겔스에게"(1869년 12월 10일), *MEW* 32,
pp. 414~415.

72 K. Anderson, *Marx at Margins*, 2010(정구현·정성진 옮김, 『마르크스의
주변부 연구』, 한울아카데미, 2020, 256쪽).

73 케빈 앤더슨은 『자본』이 출간된 1867년을 아일랜드에 대한
마르크스의 견해에서 '결정적인 해'(crucial year)라고 부르는데(K.
Anderson, 같은 책, 255쪽), 나는 아일랜드 문제를 넘어 세계혁명을
바라보는 시각의 전환에서 이 시기가 매우 중요한 변곡점을
이룬다고 생각한다.

74 K. Marx, "맨체스터의 엥겔스에게"(1867년 11월 2일), *MEW* 31, p. 376.

75 K. Marx, "Entwurf eines Vortrages zur irischen Frage", 1867, *MEW* 16, p. 445.

76 K. Marx, "맨체스터의 엥겔스에게"(1867년 11월 30일), *MEW* 31, p. 399.

77 K. Marx, "Entwurf eines Vortrages zur irischen Frage", 1867, *MEW* 16, pp. 445~446.

78 K. Marx, 같은 글, p. 445.

79 K. Marx, "맨체스터의 엥겔스에게"(1867년 11월 30일), *MEW* 31, p. 399.

80 K. Marx, "뉴욕의 지그프리트 마이어(Sigfrid Meyer)와 아우구스트 포크트(August Vogt)에게"(1870년 4월 9일), *MEW* 32, p. 669.

81 F. Engels, "Preface to the English Edition", 1892(이재만 옮김, 「1892년 영국판 서문」, 『영국 노동계급의 상황』, 라티오, 2014, 39쪽).

82 이 시의 라틴어 원문과 영어 대역본은 다음 웹 문서를 참조. 〈https://www.dorthonion.com/drmcm/west_to_dante/Readings/horace.html〉.

83 최윤재, 「해제-맨더빌의 삶과 생각」[B. Mandeville, *The Fable of the Bees*, 1713(최윤재 옮김, 『꿀벌의 우화』, 문예출판사, 2010, 12쪽)].

84 B. Mandeville, 같은 책, 102~119쪽.

85 B. Mandeville, 같은 책, 119쪽.

86 B. Mandeville, 같은 책, 89쪽.

87 B. Mandeville, 같은 책, 125쪽.

88 M. Mauss, *Essai sur le don*, 1924(이상률 옮김, 『증여론』, 한길사, 2002, 270쪽).

89 L. Dumont, *From Mandeville to Marx: The Genesis and Triumph of Economic Ideology*, University of Chicago Press, 1977, p. 36.

90 A. Smith, *The Wealth of Nations*, 1776(김수행 옮김, 『국부론』, 동아출판사, 1996, 22쪽).

91 B. Mandeville, 위의 책, 206쪽.

92 B. Mandeville, 같은 책, 151쪽.

93 B. Mandeville, 같은 책, 172쪽, 204~205쪽.

94 B. Mandeville, 같은 책, 199쪽, 202쪽, 207쪽.

95 B. Mandeville, 같은 책, 195~196쪽.

96 최윤재, 「해제-맨더빌의 삶과 생각」(B. Mandeville, 위의 책, 28쪽).

97 '프롤레타리아트'라는 말의 의미와 마르크스가 이 말을 사용한 맥락, 오늘날 이 단어가 갖는 의미 등에 대해서는 다음 글을 참조. 고병권, 「우리 시대 프롤레타리아트에 대한 물음」, 『맑스주의와 정치』, 문화과학사, 2009.

98 J. Ranicière, *Aux bords du politique*, 1990(양창렬 옮김, 『정치적인 것의 가장자리에서』, 도서출판 길, 2008, 140쪽).

99 J. Ranicière, 같은 책, 같은 쪽.

100 J. Ranicière, 같은 책, 138쪽 그리고 140~141쪽.

101 J. -J. Rousseau, *Du contrat social*, 1762(최현 옮김, 『인간불평등기원론/사회계약론』, 집문당, 1993, 298쪽).

102 G. Labica, "Prolétariat", dans G. Labica & G. Bensussan, dir., *Dictionnaire critique du Marxisme,* deuxième édition, PUF, 1985, pp. 923~924.

103 P. Osborne, *How to Read Marx,* 2005(고병권·조원광 옮김, 『하우 투 리드 마르크스』, 웅진지식하우스, 2007, 107쪽).

104 K. Marx, "Zur Kritik der Hegelschen Rechtsphilosophie. Einleitung", 1844(최인호 옮김, 「헤겔 법철학 비판을 위하여. 서설」, 『카를 마르크스 프리드리히 엥겔스 저작 선집』, I, 박종철출판사, 1993, 15쪽).

105 K. Marx, 같은 글, 같은 책, 14쪽.

106 K. Marx & F. Engels, *Die heilige Familie,* 1845(최인호 옮김, 『신성가족』, 『카를 마르크스 프리드리히 엥겔스 저작 선집』, I, 박종철출판사, 1993, 102~103쪽).

107 K. Marx & F. Engels, *Die deutsche Ideologie,* 1845(최인호 옮김, 『독일 이데올로기』, 『카를 마르크스 프리드리히 엥겔스 저작 선집』, I, 박종철출판사, 1993, 219~220쪽).

108 E. Balibar, "La relève de l'idéalisme", *La crainte des masses,* 1997 (최원·서관모 옮김, 「관념론의 교대군」, 『대중들의 공포』, 도서출판b, 2007, 224~225쪽).

109 K. Marx & F. Engels, *Manifest der Kommunistischen Partei,* 1848 (최인호 옮김, 『공산주의당선언』, 『카를 마르크스 프리드리히 엥겔스 저작 선집』, I, 박종철출판사, 1993, 406쪽).

110 F. Engels, *Grundsätze des Kommunismus,* 1847(최인호 옮김, 『공산주의의 원칙들』, 『카를 마르크스 프리드리히 엥겔스 저작 선집』, I, 박종철출판사, 1993, 321쪽).

111 K. Marx & F. Engels, 『공산주의당선언』, 위의 책, 406쪽.

112 E. Balibar, "Le prolétariat insaisissable", *La crainte des masses*, 1997(최원·서관모 옮김, 「붙잡을 수 없는 프롤레타리아트」, 『대중들의 공포』, 도서출판b, 2007, 270~273쪽).

113 E. Balibar, 같은 글, 같은 책, 273~274쪽.

114 E. Balibar, 같은 글, 같은 책, 274~275쪽.

〈북클럽『자본』〉 Das Buch Das Kapital

11── 노동자의 운명

지은이   고병권
2020년 12월 4일 초판 1쇄 발행
2021년 6월 7일 초판 2쇄 발행

책임편집   남미은
기획·편집   선완규·김창한·윤해인
디자인   심우진 simwujin@gmail.com
활자   「Sandoll 정체」 530, 530i, 630
펴낸곳   천년의상상
등록   2012년 2월 14일   제2020-000078호
전화   (031) 8004-0272
이메일   imagine1000@naver.com
블로그   blog.naver.com/imagine1000

ISBN 979-11-90413-19-0 04100
      979-11-85811-58-1 (세트)

잘못된 책은 구입처에서 바꾸어드립니다.